# 平衡

## 领导与管理策略



[英] 彼得·肖（Peter Shaw）著
田丽 译

中国经济出版社
CHINA ECONOMIC PUBLISHING HOUSE
·北京·

**图书在版编目（CIP）数据**

平衡：领导与管理策略 /（英）彼得·肖著；田丽译. -- 北京：中国经济出版社，2022.9

书名原文：Getting the Balance Right

ISBN 978-7-5136-7084-5

Ⅰ. ①平… Ⅱ. ①彼…②田… Ⅲ. ①管理学 Ⅳ. ① C93

**中国版本图书馆 CIP 数据核字（2022）第 163911 号**



**责任编辑** 王西琨
**文字编辑** 汪银芳
**责任印刷** 马小宾
**封面设计** 任燕飞设计工作室

**出版发行** 中国经济出版社
**印 刷 者** 北京力信诚印刷有限公司
**经 销 者** 各地新华书店
**开　　本** 880mm × 1230mm　1/32
**印　　张** 6.875
**字　　数** 140 千字
**版　　次** 2022 年 9 月第 1 版
**印　　次** 2022 年 9 月第 1 次
**定　　价** 48.00 元
**广告经营许可证** 京西工商广字第 8179 号

**中国经济出版社** **网址** www.economyph.com **社址** 北京市东城区安定门外大街 58 号 **邮编** 100011
本版图书如存在印装质量问题，请与本社销售中心联系调换（联系电话：010-57512564）

---

# 序 言

FOREWORD

实现平衡从来都不容易。本书将会带给你非常有价值的思路和符合实际的办法。

本书解决的问题与当代高要求和快速变化的世界息息相关。什么时候领导大家？什么时候听从领导？什么时候需要讲原则？什么时候实际的方法更重要？如何既管理又放权？如何做到感性和理性反应同步？如何在主动命令和被动听从之间建立良性循环？如何平衡雄心壮志与接受现实？如何做到既严肃又愉悦？

这些问题激起了我的强烈共鸣。作为埃森哲管理咨询公司的一名管理者，我领导5万多名员工，我敏锐地意识到自己需要平衡本书中所涉及的各种关系。指导企业高管的过程，其实也是帮助他们平衡各种关系和找到平衡点的过程。

彼得作为英国政府的前总干事、商学院教授，曾经指导过来自五个大洲的团队和个人，他为我们带来了丰富的经验。彼得的作品读起来通俗易懂，引人入胜，可操作性强。本书的每一个章节都为我们提供了思想和行动的指南。

# 引 言

INTRODUCTION

我从远足中收获了很多乐趣。在远足过程中，步行者要达到全方位的平衡，其中包括携带物品的轻重；地势是平缓坚硬还是松软潮湿的；因地面坡度不同，行走时感觉舒适还是疲倦；步行的速度和步幅的大小在一天中不同时间段的差异；是独自行走还是与人结伴同行；远足时的心情如何；等等。

人生的旅途也同样如此。有时候，我们感觉精力充沛，干劲儿十足，可以迎接任何困难；而有些时候，我们感觉很沮丧，小小的难题就让我们觉得是个苦差事。没有一剂良药让我们找到生活的平衡点。我们要学会适应周围的环境、其他人的期许、生活的压力和自己的情绪。

远足者知道保持平衡的最好方法就是向前看，并且清楚未来的方向，知道前方道路的方向，也知道最终的目的地。远足者的适应能力都很强，绕过岩石区的时候，他们会用手抓紧岩石；道路不平时，他们会使用手杖；在经过松软潮湿的沼泽地时，他们会特别谨慎小心。远足者享受旅途中的丰富多彩，渴望他人的陪伴，欢庆于成功到达目的地，惊喜于每次远足的不同风景。

在工作中找到平衡，与找到工作和生活之间的平衡一样，都不能通过套用固定、刻板的公式来实现。成功来源于尽可能地认清自己、职场政治和周围环境的情绪，即使前路迷茫，你倍感沉闷，也要保持昂扬的斗志。

为了掌控和管理，也为了实现幸福和成功，我选取了 12 个方面来详细描述，在这 12 个方面保持平衡至关重要。它们会启发你的思维，激励你的行动：

- 领导和追随领导
- 参与与独立
- 讲原则和重实际
- 意识和行动
- 理性和感性
- 个人主义和集体主义
- 主动命令和被动听从
- 现实主义与乐观主义
- 稳定和变革

· 现在和未来

· 野心勃勃和接受现实

· 严肃与愉悦

在每一部分中，我都选取了 4 个角度，用实际的例子来说明。每一章还列出一些实际的想法和问题供读者思考。

我带给大家的并非包治百病的一剂良药。我的目的是提出一些实际的观点，让读者自己总结什么是最佳平衡点。我们总需要面对很多选择，即使有些选择是关于我们的态度。远足者常常坚持对未来前进的方向不断地选择，决定自己下一步迈向何处。他们不断选择自己的平衡点，有时是有意识的，有时是出于本能的。如果本书能让你从全新的角度审视你当下的选择，那么目的就达到了。

远足不一定是你的最爱，但是思考在走路、跑步、骑自行车、滑雪或者游泳中如何达到平衡，可以为我们翔实地解释达到平衡需要的力量和适应性。

本书并不单单阐述工作和生活之间的平衡。关于工作和生活之间的平衡，在我的另两本著作《在工作中绽放》（马歇尔·卡文迪什教育出版社，2011）和《提高比赛水平》（开普斯通教育出版社，2009）中都有具体介绍。本书所涉及的平衡之处涵盖生活的方方面面，无论你是全职职员，还是志愿者，或者是全职照顾家庭。

希望大家喜欢本书中“思考”部分。无论何时你失去了平衡甚至跌倒了，都要站起来，掸去身上的尘土，想想你在本书中学到的内容，对自己笑一笑，继续前行。

彼得·肖

英国戈德尔明

peter.shaw@praesta.com

# 目 录

CONTENTS

# 第一章

## 领导和追随领导

天赖之音的合唱需要有一个头脑敏锐的指挥和一支经过精心排练的合唱团。演出开始前，指挥手握指挥棒，示意合唱团做好准备；指挥注视大家，示意大家准备演唱第一个音符。他一挥动指挥棒，整个合唱团便开始演唱，和谐美妙的歌声响起，仿佛是一个人的声音。

合唱演出的成功需要有一位优秀的领导和众多听从领导的追随者，双方都各尽其责，演出才能取得圆满的效果。如果合唱团演员不信服指挥，他们会选择加入其他合唱团，或者在年度会议上投票换掉他。如果指挥对合唱团演员不满意，也会选择离开，指挥其他合唱团。因此，领导与其追随者之间关系的平衡会在不断的演出中经历一次次的考验。

本章节主要从不同方面探讨领导和追随领导，比如：你喜欢什么样的领导？领导的含义是什么？你是否能同时既做领导又做下属？为什么要服从你的领导？

# 1 你喜欢什么样的领导？

当新一届政府被任命并开始执政，作为一名公务员，你的责任就是要积极听从并响应新当选政府的领导；在一家商业机构里，当新任首席执行官上任，作为一名员工，你的责任就是认真听从新任领导的安排。以上两种情况下，雇员都会从纳税人手中，或者从商业机构的营业收入中获得工资，作为做特定工作的报酬。

有些人会比其他人更精心努力，更加投入地追随领导。有些领导会因为员工有很强烈的使命感和自豪感而获得工作上的支持。还有一些领导非常擅长启发和激励员工，让我们不断超越自己，追求卓越。相应地，他们也从我们的工作业绩上收获更多惊喜。

如果我们听从领导安排只是为了尽基本责任，那么想要取得进步就会很艰难；但是，如果我们不断被领导激励和启发，那么做事会更专注，成绩和进步就会水到渠成，且过程令人愉悦。

我们通常会喜欢追随这样的领导：他们总能丰富我们的想象，他们的所说和所做总能令我们感到振奋，他们的话语极具说服力且思路清晰。我们觉得应该相信他们的话语和判断。与一些领导形成鲜明对比的是，优秀的领导总能激励我们从心底产生求新求变、突破限制的欲望，激发最优秀的自我，取得骄人业绩。

娜塔莉非常喜欢为海伦工作，她把海伦当作她的超级偶像。海伦一直致力于打造一支口碑良好的团队。海伦总能准确领会首席执行官的意图，并将其清楚地传达给她的下属。海伦还和同事们建立了良好关系，知道如何影响和说服他们。在问题还未发生时，海伦就会提醒娜塔莉，预防问题的发生。这些让娜塔莉觉得海伦是自己的良师益友。海伦既在困难发生时保护娜塔莉，又让其不断挑战自己，是一位良师益友。

海伦独创了一套管理方法，包括自下而上的管理和把握并调整团队的工作方向。海伦为娜塔莉提供了足够宽松的工作环境。海伦还为娜塔莉提供了更广阔的视野，这成为娜塔莉工作环境的重要部分。每次遇到棘手的事情，娜塔莉总会向海伦求助。在多数情况下，海伦都会让娜塔莉做最后的决策，让娜塔莉觉得深受鼓舞和振奋。娜塔莉越来越自信，越来越能干，因为她跟随了一个给她空间、让她成长的好领导。海伦让她成了更好的自己。

追随并不仅仅是只听从领导安排，你还可以以公司内部或者外部的优秀员工为榜样。有时可能是一些给你良好工作建议的前辈。培养认真追随的技能，可以发现一些值得你学习的人，他们的方法或者价值观令你钦佩。

一名好的追随者会吸引别人的注意力，并询问他们某种情形下用某种方式处理事情。如何在困难的情况下，从别人或者那些不断激励你的人身上借鉴学习，并用最好的方式摆脱困境？一名好的追随者会从许多不同的人身上汲取经验，之后总结出对自己有帮助的两到三点。

成为一名好的追随者并不意味着同时设定多个不同的努力方向。盲目追随英雄也不可取，而是要明确工作职责，清楚学习目标，选择适合自己的学习偶像，进而认清自己的优势和劣势。追随并不意味着全盘接受，而是认真选择接受哪些方面。

## >>> 你喜欢什么样的领导？

- 遵从你的直接领导的安排。领导是否明确你的工作职责？
- 从哪些人身上，你认为可以学到东西？
- 哪些人跟你有相似的经历，从他们身上你能受到哪些相关的启发？
- 当你可能陷入盲目的英雄崇拜时，如何确保能避免盲目崇拜？
- 你是否善于决定虚心学习某人的哪些方面？

- 你是否能够一方面让自己学习他人，另一方面又能客观地评价他人的方法？
- 在何种情况下，需要对追随的对象保持质疑？

### 思考

- 如何在追随直属领导的同时保持辨别能力？
- 你希望学习和追随哪些人的观点和方法？
- 哪些人让你几乎没有什么热情去追随？哪些人让你想花更多的精力去追随？

# 2 领导的含义是什么?

教官在指挥士兵时，会大声地喊出精准的命令。如果命令没有被准确执行，教官就会大声训斥这些士兵，训斥可能会让旁观者都倍感难堪。船长在指挥船员时，会发出清晰的指令，确保每位中级船员都能管理好自己负责的船员。对于船长来说，领导意味着为全体船员的安全负责，并按时到达目的地。同时，领导还意味着提出对全体船员明确清晰的期望，并鼓励他们认真完成本职工作。

领导需要传达指令，并且优秀的领导总能通过传达建立共同愿景——风趣、激励且鼓舞人心。优秀领导的影响力遍布整个组织，员工们会潜移默化地效仿领导的管理方法和制定的标准。

在与一些公司的中层领导一起工作时，我经常询问他们希望员工如何描述自己。其中一个领导团队列出了一些关键词：沟通紧密、关注下属、高效、有权力、有影响力、目标明确、务实、权威、团结合作。我鼓励他们在诸多的关键词中，选出他们认为最重要的一个，然后努力思考在何种情况下，采取什么样的方法，员工才会愿意使用这些关键词描述领导。我还为他们描述了一些必要的场景，鼓励他们用某种方式得到员工的认可。比如，他们希望自己是非常“关注下属”的，他们就应该创造许多机会，在整个公司里，参与不同的团队和员工的工作。

杰瑞米（Jeremy）希望成为部门优秀领导。他读过许多关于领导力的书，参加过不同管理类的课程。他的头脑中充满了各式各样的原则和案例。杰瑞米知道他必须以身作则——如果他将其他地方的模式强加给员工，部门员工一定会非常不屑。杰瑞米意识到自己需要花些时间去倾听员工的声音。他需要了解某些棘手问题的来龙去脉、员工们承担的压力，还有股东和员工们的期望。

杰瑞米从以往的经验中不断总结。他经常和一位导师聊天儿，导师曾经管理过一个类似的公司。他还与培训教师一起工作，培训教师有各种组织的管理经验。杰瑞米努力把收到的信息提炼整理。他相信自己的直觉，清楚公司的优势和劣势，也知道该做些什么。他听取了所信任的员工的想法，也分享了自己对公司未来发展的看法。杰瑞米不断回顾之前设定的目标。领导并不意味着强加给员工某个特定的观点，而应该是建立一种共同目标，共同努力实现大家都能理解并接受的结果。

领导是让人们保持昂扬的斗志，为大家提供一种安全的工作环境，使大家畅所欲言，各抒己见。好的领导还应该为员工提供合适的资源，确保各种不同类型的经验和技能得到发挥。

本（Ben）经营的小公司正在经历一段困难时期。本知道自己必须保持镇定，必须尽快争取到新客户。他必须沉着冷静地经营公司。他还需要把公司的经营状况原原本本地告诉员工，同时向他们展示目前正在采取的措施。员工们都非常信任本，把焦虑降低到合理范围，因为他们看到了本的沉稳淡定和正在采取的实际措施。

领导常常就是定下一个基调。如果领导沉稳持重，组织机构中的其他人也会同样沉稳。如果领导烦躁易怒、易于冲动，这些行为会被视作是正常的，并且会被其他人效仿。

## >>> 领导的含义是什么？

- 知道何时讲话、何时倾听。
- 意识到有些事情必须亲力亲为。
- 给人们布置任务时，要尽可能地清晰、简洁。
- 设定清晰的目标。
- 根据不同人的需求，调整你的领导方法。
- 确保总有机会，让目标更明确。
- 理解人们如何看待你的领导力。
- 确保你有足够的方法完善领导力和领导方法，为员工做出示范。

· 不要把自己当作至高无上的领导，时刻准备着笑对自己的错误。

### 思考

· 想想自己正在处理的一件棘手的事情，为确保有效地解决问题，需要采取何种领导方法？

· 在未来的几个星期里，你如何做到传达、授权和激励三者之间的平衡？

· 如何在三个月内，让周围的人认可你，尊称你为领导？

# 3 你是否能同时既做领导又做下属?

出版社的领导为出版社设立了清晰的目标，建立了严谨的组织架构，确保公司资产状况健康，聘用并培养适合的人才。但是，出版社的领导也需要建立宽松的氛围，每一位编辑都可以在不断变化的环境中，追求自身的兴趣点。优秀的责编既需要大胆也需要谨慎，因为他们需要研究市场，与作者合作。出版社的总经理应该相信责编能够找到好的选题，进而为出版社增加收入，建立良好声誉。

在一家 IT 软件开发公司，公司总经理需要培养员工的创造力。一方面，她要激发有创造力的专家设计出新方法，以解决问题；另一方面，她要本能地判断其中哪些可行，哪些不可行。

或许，优秀的领导者往往同时是追随者。勤于思考的领导者常常会记住自己以往的领导，下意识地会运用他们曾经用过的管理方法。他们也许还会记住那些被视为“优秀”领导的原则和价值观，并将其运用到自己的管理方法中。我的一部早期著作《被视作领袖的耶稣》(格罗夫出版社，2004)中着重写耶稣领导力的六个方面：远见卓识、公仆意识、教诲大众、以身作则、锐意进取、“普度众生”。著作的目的是发现备受尊敬的领袖身上的特质，提出问题，让大家思考当代优秀的领导是否也应具备这六项特质。同样的方法也可以应用到其他备受尊敬的领袖身上。

蹒跚学步的孩子需要父母常伴左右，因为他们要到处探索和尝试。父母的职责是保证他们的安全，同时也要为他们的探索行为留出空间。优秀的父母会给学步期的孩子留出一定的空间，允许他们根据自己的意愿和好奇心，自由探索。

十几岁孩子的父母希望家庭生活的纪律和价值观能够在孩子身上得到传承。在这个发展阶段，父母应该站在孩子身后，允许他们犯错。在管教与允许犯错两者之间的界限应该灵活，父母亲的严厉管教往往会事与愿违。

以上父母作为管理者的例子，说明了在领导和追随者之间要达到平衡非常不易，这种平衡可以帮助孩子发现最好的自己，允许他们发展自己的创造力，延伸自己的边界，在错误中总结经验。

许多职场上非常成功的领导者都会在工作之余参加一些活动，在活动中他们不是领导，而是普通成员。他们扮演“下属”的角色，这种角色转变对他们来说非常重要。巴里在一家石油工业公司做高管，业余时间他在一家 11 岁以下青少年足球俱乐部里做助理教练，从中他获得了极大乐趣。在工作环境里，他有责任去领导和指挥；而在足球俱乐部，他则听从主教练的安排，帮助男孩子们培养足球技能。

这两种环境下的对比，对巴里的个人发展平衡至关重要。一种环境下的从属地位，可以帮助巴里体会到工作时做领导的责任和机会。作为一名“下属”，巴里可以体会到什么可以有效地激励下属。他还体会到作为组织里的普通一员，会获得怎样的满足感。

### >>> 你是否能同时做好“领导”和“下属”？

- 根据你的观察，哪些人既是“好领导”，又是“好下属”？
- 在何种情况下，想要听从安排的意愿会妨碍领导？
- 在何种情况下，作为一名领导的责任，会导致你过于努力领导而忽略了服从？
- 哪些人需要你既领导他们，又要听从他们的安排，如何才能做到这一点？
- 如何了解被管理者的切身利益和他们感兴趣的事物？
- 如何做到领导和跟随者的平衡？你又是如何实现的？
- 或许以“下属”的身份多参加活动，通过以上的活动，能够不断更新自己对如何成为优秀领导者的理解。

### 思考

- 如果你正从事服从性质很强的工作，如何才能发挥你的领导力？
- 如果你在从事领导的工作，在生活中的哪些方面，你可以做一名“追随者”？
- 在何种情况下，你会有意识地既领导又跟随呢？

# 4 为什么要服从你的领导？

任何志愿者组织的领导——无论是艺术、徒步、讨论小组还是教会——都知道志愿者们的想法总在变化。想要参加志愿者组织的初心是发自内心的，但是除非有强烈的意愿，大多数人的热情会慢慢减弱。志愿者或者拥护者如果不是发自真心地追随领导者，志愿者组织可能会很快解散。

与志愿者组织不同，对于雇员来说，他们需要依靠领导赚取薪水。但是员工如果有更好的机会，他们也会选择离开。同样的，随着时间的推移，独断专行的校长也会失去最具创造力的教职员工。

公司高层领导希望与员工建立共同努力的企业氛围。他们谈到作为企业高层的作用，以及如何影响整个组织。他们把领导的角色总结为：塑造、示范、参与和激励。这些词非常形象地阐述了他们希望如何领导。“塑造”强调的是控制和建立组织架构，而非规定事情应该如何去做。“示范”是指领导层清楚地意识到，下属密切关注他们的一举一动——因此向大家示范如何在工作中结成伙伴关系，以此来鼓励组织里的其他人效仿。“参与”强调的是主动听取合作伙伴、客户和同事的意见和看法。“激励”强调的是在组织内部将激励措施制度化。公司高层领导非常清楚，无论是单兵作战，还是集体作战，这四个特征都需要在实际中得到落实。

“为什么人们要服从你？”这是任何个人或者团队都会遇到的问题。这个问题促使我们意识到个体是有选择权的。就工作责任而言，他们也许必须听从你，但也仅此而已。他们没必要付出更多，或更敬业。

当人们判断你的远大理想和实施方法都正确时，人们就会追随你。判断主要基于以下六个问题：

这位领导是否可信？

领导们是否沿着一条正确的方向行动？

领导们所描述的预期结果是否可信？

当我听领导们说话时，感觉深受鼓舞还是担心失望？

领导们是否能向我们传达一种超乎想象的敬业精神？

领导们是否能激发我为组织做出贡献的强烈意愿？

认真地解决以上问题，可以帮助你判断优先做什么。如果你想要员工有很强的敬业精神，理性和情感因素都是必须考虑的。

杰弗里（Jeffrey）被任命为一支足球队的经理。足球队最近一直成绩不佳，整个足球队非常沮丧。之前就有许多经理短期任职后离开，球员们把杰弗里也视作其中之一。他的到来并没有受到球队的热烈欢迎。杰弗里的目的是了解球队每名球员的技术，寻找如何激励每名队员的办法。他花时间观察每名球员，观察整个队伍。他让副总经理负责绝大部分的日常训练。杰弗里认真观察球员，寻找激励他们的办法，并查看他们是否在训练时敷衍了事。

杰弗里的首要目标是为整个球队提出清晰的愿景目标，并说服每名球员，让他们相信自己可以为实现这个目标而尽一份力。他以对每个球员性格特点的理解，制定出更适合他们的训练方法。有些需要温柔的鼓励，而有些则需要态度强硬。这些球员对这些训练方法的反响非常积极，因为杰弗里了解他们，知道如何激励他们个人，如何激励整个团队。

## >>> 为什么要服从你的领导?

- 你是否发现自己身上有一些特质和工作方法，特别能吸引别人和你一起工作?
- 何种情况下，你最能启发别人?
- 何种情况下，你能最有效地建立伙伴关系?
- 关于为什么要服从你的领导，你会从其他人身上得到什么样的反馈?

· 对于那些服从你领导的人，应该给予什么样的支持和感谢？

**思考**

· 你想让什么样的人听从你的安排？为了让他们听从你的安排，你会采取哪些行动？

· 如何竭尽全力与那些愿意服从你的人建立牢固的伙伴关系？

# 第二章
## 参与与独立

如何同时做到既参与又独立地完成任务？这是一种理想状态，还是有实现的可能呢？如果全身心地投入，是否意味着客观性就消失了呢？保持完全的独立去完成任务是否就意味着将失去合作意识、共同努力或者共同所有权？

这一部分主要探讨参与完成任务与独立完成任务之间的平衡，分析哪种情况适合参与完成，哪种情况适合独立完成，同时还探究了如何既参与又独立。

# 5 深度参与

有些人希望有权威的人提出简单而清晰的要求，然后根据这些要求采取行动。事务性的参与互动看上去简单而直接，没有误解的风险，因为有明确的指令，根据指令执行即可。

成功的参与却很少具备简单、直接的特点。当参与互动仅限于事务性时，参与者的反应度和动力都很低。做了父母的人都知道，有些情况下，他们可以简单地向孩子发出指令，孩子就会照着去做。但是与孩子建立亲密的亲子关系，绝非发出指令这么简单，需要更加深入或是润物细无声的参与。

在遇到变化和不确定时，我们时常忽略与全体成员的有效沟通和参与。我们可以很简单地劝说自己，没有那么多时间，或者等到情况稳定了，再与成员们沟通交流。而事实是，与成员有效沟通，听取他们的意见正是当下最重要的事情。

根据各种类型组织的领导和经理们的经验，有效参与互动显然是建立在以下关系上的：信任、有效倾听、共同目标、共同努力、自我意识。

建立在信任基础上的有创意的争辩至关重要，因为带有目的的对话可以激发出新的想法，而不会分散注意力。部门内部斗争、个人权力争夺和互相指责都会扼杀信任。不要自然而然地认为通过参与互动就能建立起信任：信任关系需要定期关注，需要投入时间、精力和情感。

建立信任关系需要了解对方的为人，以及他们对成功的理解。同时，找到值得信任的人也至关重要。有时，值得信任的人并不多。你能做到的就是认真倾听，努力开展合理的对话，把信任关系逐步上升一个层次。

建立良好互动参与的核心是有效倾听所有相关人员的声音，声音是来自各种层面的，不仅仅局限于某个小团队或者部门。成功的互动参与建立在全方位、高质量倾听的基础上，这种倾听既带有洞察力也带有判断力，帮助我们充分关注个人观点，同时可以看到事情的全貌。

有效的伙伴关系是大家建立共同议程、共同目标的基础。有效沟通常常伴随着高质量的互动交流。同事之间可能会产生或者加深沟通障碍，尤其是在不稳定时期。在动荡时期，成员之间及时反馈意见，谨慎但坦诚地接受意见，可以使伙伴关系更容易存续、发展，并且共同创造辉煌。

来自各类组织的大量实践证明，当成员致力于为共同的目标或者彼此的成功贡献一份自己的力量时，结果往往是产生高质量的交流和互动，最终产生一支团结而极具应变能力的团队或者集体。如果团队内部只有有限的专业技术交流和人际交流，就几乎鲜有能有效掌握未来的领导。

只有成员之间彼此了解，知道何时以何种方式配合默契，整个团队才能团结稳固，才能在困难时期坚定信念。团队的目标也要定期做调整，因为团队内部互动交流的质量也会随着团队凝聚力的下降而下降。

优秀的团队成员将会有很强自我意识，他们知道有些情绪会阻碍或者抑制有效参与，这些情绪包括焦虑、沮丧、恐惧，还有疲倦。

深度参与并不是一蹴而就的，它需要持续地投入时间和精力。做到这点并不简单，因为刚开始建立互动关系时，可能会被拒绝，你也会感觉很沮丧。但是将时间和精力花在深度参与上，可能会建立一个互相激励的长期伙伴关系。尽管我们知道时间和精力是有限的，但花在与其他人交流互动上的时间不会被浪费。

### >>> 深度参与

- 与他人建立情感和思想上的联系。
- 提高对同龄人和团队的参与度。
- 坦诚地鼓励，必要时，在参与过程中表现得积极些。
- 通过建立和重新建立信任，确保参与能够经得住时间和争论的考验。

- 找到一些与你相处并不愉快的领导，试图与他们建立参与互动的关系。
- 即使在公司不支持的情况下，也要与员工建立高质量的参与互动。
- 越是走出自我，指导并鼓励他人，你就能获得越高的成就感。

## 思考

- 哪些人会让你陷入单纯的事务性关系？
- 需要与哪些人建立深入交流的关系，以确保共同努力，实现共同目标？
- 在何种情况下，信任关系很脆弱，需要互动参与来帮助改善？

# 6 什么情况下参与会变成控制?

参与互动的方法可以包括提问、影响、劝说和控制。观察一岁孩子的父母，你会发现他们会用到以上全部方法。与孩子交流的方法首先从提问开始，“准备好要吃午饭了吗”，接下来变成，“现在是吃午饭的时间了”，之后又变成，“现在必须吃午饭，不然下午你就会饿”，最后演变成“如果你不吃午饭，就没有巧克力吃了啊”。

从小时候开始，孩子就适应了父母和其他人通过一系列问题——影响、劝说和命令孩子，从而与孩子建立互动关系。随着孩子年龄的增长，问问题有可能会是一种更好的方法，如果再加上一些正面强化，效果无疑会更好。在孩子十几岁时，企图控制可能会激化矛盾，适得其反。

针对活跃的学生，老师可以通过提问让学生保持注意力集中，并获得鼓励。恰当的开放性问题会激发学生的好奇心和竞争心理，这些都会增加学生的积极性。但惩罚措施也要有，因为有些不自觉的学生连做作业都要在老师的催促下进行。

企业高管导师经常指导领导和经理工作，他们知道与人建立有效互动的关系，需要一些能够表达个人观点的问题。通过回答这些问题，每个人可以逐步得出结论，明确自己接下来的行动。有一些企业高管导师，他们试图影响和劝说，这样就会失去中立性，很有可能造成领导们对他们观点的依赖，这种方法不被赞赏。组织领导或者企业经理应该影响员工，向员工提出问题，引发他们思考，进而劝说整个组织或者个人接受一项行动的优势。

劝说与控制之间的分界线在哪里？为什么对婴儿或者学步期的孩子，父母必须监管他们的行为，而成人对成人提出控制则无法接受？我们被各种商业广告所包围，这些广告力图劝说我们购买特定的商品。以情动人的方法显然是人为设计的，然而我们就是喜欢被讨好、被怂恿。但是我们一旦感觉到公然地被人控制，我们就会非常失望，对产品或者服务的好感也会迅速消失。

衡量你是否在控制别人的有效办法是换位思考，想想你是否愿意以同样的方式被对待。控制是一种非常危险的游戏，它会摧毁人与人之间的信任，削减共同实现目标的斗志。比起客观评价，背地里说别人的坏话是一种最明显的控制，它会摧毁信任，损坏搬弄是非的人的声誉。

当你故意说话只说一半，对他人施加情感压力，催促别人迅速得出结论，单方面地交流事实和观点时，你就已经有控制别人的倾向了。多数企图操控别人的人，结果都很失败，这可能是对他们行为的最好修正。

## >>> 如何才能更好地劝说别人？

- 认真倾听，及时反馈，证明你确实在听。
- 要了解你的劝说对象，知道对于他来说，什么是最重要的。
- 要用关键性的事实来论证你的论点。
- 要明确劝说的目的是要达到双赢。
- 在劝说前，留出时间来，深思熟虑。
- 寻找新的事实，公开告诉别人，不要催促别人下结论。
- 识别其他人的有效观点和论据。
- 坚持你认为正确的观点，同时愿意调整你劝说的方式。

### 思考

- 在何种情况下，你曾经成功地影响了或者劝说了其他人？都采用过哪些方法？
- 根据观察，哪些人试图控制，他们采用的方法是有效的还是适得其反的？
- 接下来，你正在准备劝说别人，你觉得哪种方法是最成功的？
- 与直接影响他人相比，通过提问让其他人得出自己的观点，这种方法存在哪些潜在的劣势？

# 7 放权还是彻底不管？

比赛进行中，足球俱乐部经理很可能不在比赛现场。但无论球队踢得好不好，他都会密切关注场上的局势。如果他既没有出现在比赛现场又不关注比赛，那么整个球队就会失去拼搏的斗志和团队的士气。

11 岁的小男孩强烈地感受到了来自足球看台上为他摇旗呐喊的父母。他们的加油助威让人感到精神振奋。那些既不来现场为孩子加油也不关注比赛状况的父母，他们失去的是见证孩子努力成长的快乐和与孩子建立亲密关系的机会，而这种亲密关系本可以一直影响未来许多年。

当一个年轻人去参加考试或者面试，父亲或者母亲无法参与。但他们会密切关注，想办法支持，同时又不能表现得过分焦虑，唯恐影响年轻人的发挥。如果过度关注，会让年轻人感觉窒息；如果放任不管，年轻人又会觉得缺乏情感支撑。情感支撑对他们今后充分发挥潜能作用巨大。

作为一名领导或者经理，在选择彻底不管和放权管理之间要达到平衡。一名领导应该充分参与到团队发展中，使其具有明确的目标和价值观。但是适当地“不管不问”是有必要的，这样整个团队会对自己的力量和能力有更多的信心。一旦团队成立，领导就可以不参与，选择旁观。

团队领导需要参与团队建设以帮助建立团队士气。对于一些细节，领导应该学会适度地放权，因为团队要发展自己的影响力。然而优秀的领导不会永远对团队不管不顾。他们会非常敏锐地捕捉到什么时候可能出问题，什么时候需要指导。他们可能会从主看台而非边线位置观看整场比赛，但是无论他们在哪儿，领导和球场上的足球队员总能共筑一心。

乔（Joe）负责带领一支项目团队，该团队总能主动完成任务。乔知道他必须保持独立和客观。他需要了解不同的人是如何看待这个项目的。乔知道自己不能因沉浸于项目细节而忽略了风险和潜在的缺点。他知道必须在一些细节里放权，但又不能完全脱离项目。他投入了大量精力，让大家对项目产生共识并开始具体实施。

乔必须确保对团队的情感投入不会破坏掉判断项目阶段性进步的客观性。但是，对项目的情感投入至关重要：参与项目的人需要知道乔在意这些项目。他们需要相信，无论遇到任何困难，乔都会支持他们。

乔对项目投入了很多精力，也知道如果团队的人看到他如此敬业，对他们也是一种激励。他也意识到一定程度的放权是必要的。他知道自己的投入既可以是一种积极的帮助，也可能引发矛盾。因此，乔对项目实施了一定程度的放权，他对其他项目实施参与，与可信任的人谈话，并对自身优势和情感反应进行分析，保持着参与与放权之间的平衡。

## >>> 保持积极放权的几种实际方法

- 非常清楚成功的样子。
- 询问局外人的意见，局外人可以从客观的角度观察你的活动或者项目。
- 发现那些让自己过度焦虑的情感诱因。
- 预见可能的风险，并且尽可能地客观对待。
- 如果你开始对一件事倍感压力，请放缓采取行动。在你重新采取行动之前，先数到10。
- 回到你认为的下一个优先事项。

### 思考

- 你是否准备好从自己应该做的事务里脱离出来，让其他人来做这些事务？
- 过度放权和过度参与，哪种风险更大？
- 如何更好地参与项目，让自己的能量激励和启发他人？
- 有哪些实际的方法让你有效地放权，但在关键时刻，对项目仍然保留决定权？

# 8 如何做到既“管”又“不管”？

橄榄球球队的队员需要积极准备迎战，同时又要适当放松。当橄榄球远离自己负责的区域时，他们可以稍微放松；但是他们又必须时刻站位准确，保持机敏，时刻做好球可能会踢到自己负责区域的准备。球队后卫要时刻保持警惕，即使球在对方半场，也要准备随时可能发起的反攻。男孩子在参加集体项目运动时，第一课就是不要盲目地去追球。

任何组织里的财务部门都需要既管理又放权。首先，他们需要密切关注总体财务数据，并且理解这些数据背后的趋势、机会和风险。同时，他们需要让渡足够的权力，让其他部门有权力调用或者有效利用这些资源。如果财务部门过于放权，就无法充分有效利用这些数据资源；如果管理得过紧，就会剥夺别人对数据的使用权，无法激励其他部门有效利用资源。

医疗顾问既需要专注于病情，又要了解患者的其他状况。他们需要非常专注，根据病人的症状，确诊病情，分析病因。

他们也需要了解病人及其家庭成员的情绪变化，同时不能让这些情绪影响治疗方案。

杰妮（Jenny）负责一家保险公司的客服团队，目前这个团队急需提高反应时间。杰妮脑海里已经有了非常清晰的解决方案，但是根据以往的经验，不让大家参与谈论，简单地告诉主管们应该采取什么措施，不太可能取得很好的业绩效果。于是，杰妮与主管们开展了一系列的对话，深入探讨团队存在的问题，讨论之前尝试过的各种方案，下一步主管们认为值得尝试的方法，最后又评估了一些机会和风险。

在杰妮的努力下，最终大家形成了一套提案，主管们也希望能贯彻实施。接下来，主管们又对员工进行了新一轮咨询，向他们征集方案。最后，经各方协商的方案与杰妮最初的想法并不完全相同，但是已经非常接近了。这套方案很有可能提高业绩，完成预期的效果。

杰妮已经与团队一起研究出解决方案。现在她自己不参与，只是专心评估既定的行动方案是否实现了预期效果。她其实也在密切关注方案的实施情况，但她懂得过于关注，甚至插手方案的实施会限制项目成果的取得。杰妮知道，如果项目实施结果并不令人满意，她会坚持重新调整这些方案。

因此，在“管”与“不管”之间的平衡，随着时间的推移是不断变化的。如果参与的程度总是相同的，那么一定有地方出了问题。有意识地改变两者，最终达到平衡，与大家分享调整“管理”程度的原因，会激励其他人提高独立工作的水平。

优秀的团队既能够全身心地投入实现目标的行动中，同时也能够站出来，从局外人的角度，观察团队是如何运转的，又是如何产生影响的。

## >>> 如何实现“管”与“不管”之间的平衡?

- 当你开始“不管”时，会遇到哪些风险?
- 当你开始“严管”时，大家是欢迎还是抵制呢?
- 你倾向于哪种方法? 因为这种倾向性，是否需要做出调整?
- 直觉会让你重新回到“管”与“不管”之间的平衡点，这种直觉是什么?
- 如果你的管理方法一直没有改变，会有什么样的后果?

## 思考

- 有没有一些活动需要你更多地参与？
- 有没有哪些方面，应该放心大胆地“不管”？
- 是否有人能向你反馈，是否实现了“管”与“不管”之间的平衡？

假设一种情形，你有一份工作职责：

- 6个月之后，你想要看的预期成果是什么？
- 如何尽力确保这些预期成果的实现？
- 应该着重参与哪些重点领域，确保预期成果的实现？
- 何种“不管”可以确保你的客观性，让其他人主动地实现预期成果？

# 第三章

## 讲原则和重实际

在有些人看来，把人描述为讲求实际，是对他价值观的质疑；然而，对于其他人而言，务实是令人钦佩的。一个人眼中的讲求实际，在另一个人看来就是缺乏原则。

一个讲原则的人，可以被认为是真诚可信、受人尊敬的，也可以被认为是固执刻板的。在这一部分里，我们试图回答什么时候应该讲原则，什么时候应该重实际，什么时候可以不讲原则，什么时候应该找到讲原则和重实际之间的平衡的问题。

# 9 什么时候应该讲原则？

起草审计报告时，要遵守财务原则；提交健康和安全标准报告时，需要一套原则和标准对它做判断；当一家监管机构决定服务质量和价格时，他们将用到一套标准和原则来做判断。

作为个人，我们都有自己的原则，这对我们的行为方式非常重要，让我们平衡工作、家庭和其他活动之间的投入。

如果出现了财务不当的迹象，可以用明确的财务原则来做判断。作为一名律师，你可以使用立法或者法律实践中的原则。作为一名建筑设计师，你可以遵从一些优秀建筑实践的原则。作为一名工程师，你可以遵从精准的科学原理，比如万有引力定律！比起其他类别的原则，科学原理是被广泛接受的绝对原则。重力是一种力，我们不能出于实际的目的而改变重力的方向，但我们可以适应它、围绕它来开展工作。

如今，越来越多的公司使用一套清晰的原则来规范员工的日常工作行为。尊重文化多样性的原则让少数族裔对自身的文化差异持开放态度。工作行为规范，让我们更好地处理职场上恃强凌弱的现象。

琼（Joan）负责食品加工厂的一条生产线。她非常严格地执行工厂质量控制和清洁卫生的规定。员工们也都熟悉这些原则，也能据此规范自己的行为。员工之间互相帮助，准时上班，各尽其责。琼深知坚持原则对于公司质量控制和行为规范的贯彻落实都非常重要。

约翰（John）在一所大学里任教，他精心准备课程，可是学生迟到这一现象一直让他非常生气。他好言相劝那些迟到的学生，对待学习要认真努力，有时也会直接批评。最终，他决定实施一项严格的规定，那迟到的学生不允许进教室。规定的实施，让有些学生不开心，效果却很好。过了一段时间，得益于这项严苛的规定，准时到课率提高了。如果不采取措施，任其发展，就必须接受一部分学生总是迟到的现实，但是约翰想要试一试是否可以修正学生的行为。他的决定和坚持改变了学生的行为，在他看来，这是非常值得的。

当原则被破坏，职场上我们每个人都有揭发的义务。比如财务不合规，或者滥用资源，这些破坏原则的行为很容易被发现。还有一些行为也同样属于破坏原则，比如不适宜的工作行为和对信任的滥用。职场上，如果存在欺凌、愤怒、侮辱甚至是辱骂等现象，我们应该如何应对？

## >>> 什么时候应该讲原则?

- 是否触犯了法律?
- 财务规章和规定是否正在被人为操控?
- 一个组织的价值观是否被大家忽略，无形中被破坏?
- 是否存在滥用权力、权威的现象，意味着个人没有被公平地对待?
- 业绩考评是否存在被操控或者被夸大的现象?

### 思考

- 哪些原则是你坚定不移地坚持的?
- 在你坚持的原则中，哪些是关于价值观、工作流程和行为的?
- 如何更有效地贯彻落实这些原则，并且鼓励其他人也这样?

# 10 什么时候要务实？

我们的生活中每天都充满了现实的决定。当交通灯变绿时，我们有权利开过十字路口，但我们还是会仔细看看另外一个方向上是否有车。我们相信合作伙伴会按时完成任务，但我们还是会留意他们的工作进展。我们不相信公司财务会有不合规的现象发生，但是我们还要安排审计定期查账，确保公司的财务纪律被严格执行。

现实、务实就是承认人类本质上具备灵活性。也就是说，即使我们明确表示，或者绝大部分时间里认为是正确的原则，我们也做不到总是坚持或者严格贯彻。人类天生适应力极强，这在大多数时候是件好事，但有时也不好。意识到人的这种适应性和现实，能激发有创造力的对话，产生新的方法，处理一些长期存在的问题。

讲实际的一种策略就是回避。嗜酒的人会在工作场合尽力掩盖对酒的依赖。他们习惯于这种隐藏，对工作质量会有长期影响。如果某人的奖金占收入的比重较大，也许会虚改或者伪造财务数据，以获得更好的个人财务结果。

讲实效是一种非常重要的素质。如果签下了一份大单，谈判者可以按照原则拿到一笔较高的报酬，他们的原则是“多劳多得”，但是一定程度上，他们对此又有清醒的认识。他们很清楚如果过于强调“多劳多得”，并且坚持大幅增长工资，公司可能会因为成本增加而失去一些新订单，反过来会裁掉部分员工。

建筑公司也会在讲原则和重实效之间找到平衡。大楼设计、大楼建设的过程中，健康和安全标准方面都有相应严格的原则，大楼的规格也要符合计划要求。但是实际施工过程、雇用员工以及工期进度方面则需要根据实际情况做出调整。一些建筑材料的使用，以及标准执行的过程中，总有一些灰色地带。

萨拉（Sarah）临时被通知为财务主管准备一份财务简报。财务简报是为了近期一个关键会议做准备。萨拉脑子里有一整套高质量简报的标准和范例，但是她清楚地意识到要求过高反而难以成功。萨拉必须学会务实，讲求实效。她只有半天时间准备这份简报，同时手头的工作也要继续。萨拉的老板只会认真阅读简报的前两页，其他的部分会直接跳过。

萨拉知道想要让简报有价值，就必须讲效率。无法做完所有想要的研究，她需要筛选出有限的几个关键点。她需要站在老板的角度去理解哪些方面是老板想知道的，哪些潜在风险是老板需要知道的。根据这些，萨拉的简报很快就做好了，简报虽然称不上完美，但非常有针对性。老板夸奖她，说这份简报有帮助且思路清晰。萨拉做出的务实决定是非常明智的。

当鲍勃准备将个人简历发送到各家单位，以取得工作时，他的朋友劝他花些时间认真完善简历。他需要求真务实，没有充分准备好之前，不要急于提交简历。他需要思考人们从他的简历里可以读到什么，还有他希望简历可以实现的总体效果。因此讲求实效意味着花时间得到想要的东西。

## >>> 什么时候要讲求实效？

- 遇到互相冲突的原则时，该如何处理？
- 在何种情况下，讲究原则反而达不到好的效果？
- 在与他人谈判时，在讲明原则之后，什么时候开始决定讲求实效？
- 你是否能发现，有些人非常讲求实效，以至于他们很可能会不遵守核心原则？
- 何种情况下，“要求越高反而会越难成功”？
- 如何判断讲求实效的策略是一种积极的素质还是一种躲避策略？

**思考**

- 哪些情况下，你非常讲原则，结果却需要重实效？
- 在哪些方面，讲求实效是一种非常重要的能力？

# 11 原则，请减速慢行

考吉尔夫人（Mrs Cowgill）出生于1880年。她的一生都严格遵守星期日是圣日的原则。她非常喜欢看电视，但在周日从来不看，也不希望人们在周日工作，因为这一天是圣日。到了20世纪60年代，她的朋友为她推荐了电视节目《赞歌》，这部由BBC出品的电视节目在每周日晚间播出。考吉尔夫人非常不情愿地决定打破之前的规矩，开始看这档节目。而随着她进入90岁高龄、出门已经很不方便时，这档电视节目给她带来了巨大的快乐。她已经修改了自己的原则，并非常喜爱这档节目给她带来的启发和欢笑。

我们经常会用一种很奇怪的方式坚持某项原则。根据星期日是圣日的原则，有的人不买星期日的报纸，等到周一再如饥似渴地阅读，补上错过的新闻。但是星期日的报纸是在星期五和星期六编写和印刷的，而星期一的报纸是在星期日编写和印刷的。

有时我们别无选择，只能重新诠释坚持的原则。是按照法令要求严格地工作 6 天、休息 1 天，还是理解成法令让我们建立一种既要工作也要休息的生活节奏呢？如果按照字面严格地遵循原则，工作 6 天、休息 1 天，会把我们带入一种严苛的生活状态；而如果把这一原则理解成保持工作和休息的良好平衡，那将是另一种新生活的开端。

慨叹我们生活在一个即时沟通、一天 24 小时、一周 7 天都忙忙碌碌的世界，我们的生存取决于坚持一项既能让我们有效率地工作，又有足够的休息和修复时间的原则。因此，也许 6∶1 的工作休息比例恰到好处，也就没必要强调它的宗教内涵。

我们也许相信，某种产品的质量应该都在一个水平上，或者一辈子只做一份工作，或者离婚就是错误的，或者换工作就是不忠诚的。但是，这些我们称之为原则的事项不仅仅是个人偏好。我们选定这些作为坚持的原则，是为了激励自我，或者是为某些行为找到合理的解释。

亨利（Henry）是一名审计员。他认为审计员应该严格遵守财务制度。他的观点是，在审计之前不能与客户有任何交流，因为可能会受客户观点的影响。亨利认为，他需要严格客观地进行审计。而结果是客户往往对他表示怀疑，不愿意敞开心扉地跟他交流一些遇到的问题。这加大了亨利的工作难度，因为他不知道公司财务数据的来龙去脉。

同样是做审计，威廉（William）的想法则不同于亨利。他希望建立一种相互理解的商业关系，并与客户公司领导保持良好关系。他想要知道他们关心哪些领域。他希望客户信任他，提前告诉他问题所在。威廉觉得自己的工作职责就像顾问和警察。他希望通过努力，帮助企业创建准确而有意义的账务。他非常清楚如何在审计中执行高标准，但是他并不插手公司事务，而是从局外人的角度提出建议。结果是，因为威廉出具的公司审计报告给出了意见和建议，公司的内部账务质量大有改观。

亨利和威廉都执行了各自的原则。亨利处理审计员与客户的关系还非常传统，而威廉既清楚原则又意识到与客户建立正确关系的重要性，尤其是与企业里的关键人物，进而顺利开展审计工作。

建立相互信任的关系、有明确的价值观，投入时间和精力帮助他人建立自信，这些都是不容忽视的事情。原则被认可和坚持的方式会随着时间的推移而变化：灵活地坚持原则将会成为个人健康发展，以及与同事建立良好关系的基石。

## >>> 如何对待原则?

- 哪些原则对你的工作和生活至关重要?
- 这些对工作和生活至关重要的原则是如何随着时间的推移而逐渐变化的?
- 哪些原则需要调整，以适应不断变化的工作、个人和家庭环境?

- 你是否有建设性地调整了一直坚持的原则，还是一直不开心地、为难地坚持着？
- 公开宣称要坚持的原则，与你的个人观点是否存在冲突？
- 变通地对待一些原则，在何种程度上是有用的？

### 思考

- 有没有一些对于你来说非常重要的原则需要变通地对待？
- 有没有一些你非常重视的原则需要用另外一种方式来表达？

# 12 平衡原则与现实有多难？

我们人类的适应力极强。我们总是努力用现实平衡需要坚持的原则。比如，我有权利在这里过马路，但是也要注意两边来往的车辆。投入时间帮助别人发展和成长是对的，但是有时这种时间投入必须缩短。与关键人物建立关系是非常重要的，但有时事与愿违。项目计划书应该按照最高标准来制作，但是如果时间有限，你就只能解决有限的问题。每当我举办研讨会时，想和到场的每个人同样地交流，但是这并不现实。

我们安慰自己说，已经尽全力平衡原则和现实之间的关系，这是否意味着因此而推脱重要事项？我们想让某人持续参与一个项目，因此，也许会隐瞒一些工作内容，因为害怕降低他们的工作热情。

因为必须按照具体的时间表来执行，所以即使我们会怀疑产品质量很难有保障，也会妥协并尽全力按期完成。有时我们感觉到人们正在对项目失去兴趣，之后，我们会施加微弱的影响，告诉他们我们不得不平衡原则与现实。

保罗正在带领一个团队，团队的情况比较复杂。他需要尽可能地调动团队的积极性。团队成员工作质量参差不齐。保罗清楚要想解决业绩问题，就要与团队成员直接对话。他时常在两种方法之间穿梭，一方面严格坚持工作原则、标准，另一方面采用一些实际的方法来激励和鼓励员工努力工作。

很长一段时间，保罗都在尝试两种方法，一种是积极提高工作质量，另一种是极力鼓励员工。虽然这是一种简单易行的办法，但是效果不明显。保罗决定优先解决工作业绩和质量问题。他意识到鼓励员工可以先放一放，必须大胆地严格执行工作质量和业绩的原则。结果是，最初多数员工表示不满，而两名员工离职之后，其他人开始越来越专注于提高自身的工作质量。保罗从中学到的经验：之前花了太长时间去平衡原则和现实之间的关系，其实应该更直接、更坦诚地去解决原则问题。

辛西娅把原则和现实之间的关系视作战略和战术之间的关系。辛西娅想要密切关注长期战略目标，同时意识到战术上需要得到非常广泛的群体的认可。辛西娅感觉有时候自己过于实际，其他人认为她的方法是在使唤大家。辛西娅认为需要用人们普遍接受的方式，为大家设定战略目标。

辛西娅意识到自己在努力地平衡战略和战术之间的关系。她得出结论，要不断地明确努力奋斗的战略目标和为实现目标而坚守的原则。这些是她作为领导的首要职责，其次是考虑实际情况，根据实际情况使用一些战术和方法。

## >>> 平衡原则与现实，说到容易做到难？

- 你是否意识到在做许多决定时，需要平衡原则与现实之间的关系？
- 自己是如何平衡原则与现实之间关系的？
- 什么情况下，努力平衡原则与现实意味着不能完整、清晰地传递信息或者影响？
- 什么情况下，需要更注重原则而非实际？
- 什么情况下，单纯地讲究实际会让你非常失望？
- 如何处理这种情况——你并不想实现原则与现实之间的平衡关系？
- 如何做，才能更好地实现战略目标与战术目标之间的平衡？

### 思考

- 目前是否存在你试图平衡原则和现实的情况，产生了直接但并不一定是你想要的结果？
- 在何种情况下，需要决定坚持原则还是遵从现实？

# 第四章
## 意识和行动

在意识和行动之间，存在着微妙的平衡。你想要敏锐地感知周围发生的事，想要理解未来的趋势和政策，但是不想强迫自己采取行动。你想要知道接下来会发生什么，却不想过分焦虑。你想要在必要时、时机合适时采取行动。你想要稍稍采取行动，再仔细思考周围发生的事情。

本章首先探究当你不再倾听时会发生什么，如何注意你的影响，选择合适的时机采取行动，保持行动和意识的良性循环。当你敏锐地观察周围，什么时候采取行动，什么时候停止行动，都涉及许多微妙的技巧。

# 13 认真倾听

1 岁的孩子虽然不会说话，却会不停地观察周围环境并仔细倾听。当小家伙听到不同的声音时，头开始转动。当他听出是爸爸妈妈或者爷爷奶奶的声音时，就会微笑。他既能听出语气，也可以分辨内容。尽管有时话语是疼爱他的，但如果说话语气听上去稍微有点儿刺耳，他就会哭出来，小家伙无时无刻不在捕捉声音信号，仔细辨别后，决定相信谁、应该如何反应。

十几岁的孩子也许会制造出许多不和谐的声音，其他人也必须听。流行音乐对十几岁的孩子来说极具吸引力。对于他们来说，流行音乐的吸引力几乎是“致命”的，而父母的话则被当作耳旁风，他们经常看似在听，表情却是空洞而目空一切的。在孩子处于青春期的时候，父母知道必须站在孩子身旁观察、倾听，每做一件事都要意识到他还是个十几岁的孩子。

认真工作的年轻经理或者专业人士，会认真听取、吸收前人的经验。实习医生会认真听取高级顾问医师的意见。年轻老师会虚心向老教师请教，观察他们如何应对各种不同课堂状况和挑剔的学生。年轻的部门经理会认真倾听并领会老板的意图，有些意图表达得很明确，有的则很隐晦。

一位中年人可能有许多经验和技能可以传授。但是如果在讲台上讲授，这些内容就像热气一样很快消散。那些有影响力的中年人，首先会选择专心地倾听周围的声音，理解他人的想法，再决定何时、以何种方式影响他人。

老年人会沉浸在自己的世界里，不再问问题，或者不再倾听他人。尽管如此，他们仍然会被家人或者朋友珍视；但是情感的纽带主要基于过去，而非现在。如果失去了双向沟通，当有人不再听老年人说话，这种关系就开始终结。

吉尔福德（Guildford，英国东南部萨里郡的郡府）教区开设了为助理牧师准备的培训课，我负责主讲谈话技巧这部分。课程是关于如何仔细聆听的。优秀的助理牧师会用耳朵和眼睛去听去看。他们会对哪些话说了、哪些话没有说非常敏感。他们会感知所有的情绪，包括痛苦和快乐。他们对细微的变化、任何的紧张不安都非常敏感。当人们回忆过去、认真思考时，他们就会默默地等待。那些善于倾听的优秀助理牧师会引导人思考、交流和反思。他们认真倾听的过程就是鼓励和参与的过程，倾听的过程中，助理牧师们很少说话。

卡洛琳（Carolyn）现在已经非常熟练地在会议开始阶段

仔细倾听并认真观察。每当有人走进会议室，她会仔细分辨他的说话声调。她还会听主席的说话声调，观察大家的反应。她知道谁的发言会提振精神、引发大家的思考，而谁的发言又是无趣的。卡洛琳知道，如果不认真听，她的发言效果会很差，但是如果只听不发言的话，倾听似乎是在浪费时间。

### >>> 如何做一名好的倾听者？

- 观察对方的动作，倾听对方的话语。
- 意识到一个人的话语受到文化背景、教育背景和组织中的角色的影响。
- 发现话语背后的情绪或者情感。
- 给别人毫无保留的关注，让他们毫无顾忌地说话。
- 建立一种信任，让人们说出他们的想法。
- 适度保持沉默，留有空间和余地，不要急于下结论。
- 询问一些开放性的问题，说明你在听。
- 从对方的话语中提炼一些关键词汇，证明你确实是在认真听。
- 不要急于说出你的想法，等到对方想要听取他人意见时，你再说。
- 向大家证明你确实想要参与，不要不理会他人的观点。
- 表现出非常享受对话的样子。

## 思考

- 最近几个星期，谁在认真听你说话？你为什么会说这些话？
- 哪些思想、体态和内容帮助你更好地倾听？
- 如何更好地展示你在倾听，而不仅仅是敷衍？
- 如何更好地展开一段对话？
- 在这些对话中，你能听到什么样的内容？
- 如何证明你在认真听？
- 如何确保说话的节奏符合说话对象的需求？

# 14 注意你的影响

阿曼达（Amanda）一直认为自己活跃、热情、主意多。她非常喜欢发表意见，无论什么话题，她都可以提出建设性的意见。阿曼达一直觉得同事们都喜欢她的出现，喜欢她的活力和点子，认为她的每一次发言都会对项目有推动作用。

阿曼达的同事却并不这样想。他们喜欢她的聪颖，敬佩她的活力。但是她的直来直去让大家深感疲惫，滔滔不绝让人感觉厌烦，咄咄逼人让同事想躲避。同事们在听取她的意见时，并不总是开诚布公且充满耐心。

当阿曼达得知大家希望她发言时注意掌握分寸时，感觉非常吃惊、非常伤心。为什么大家不能积极对待她的激情和活力呢？她感觉自己做了那么多，却并不被欣赏。但是，慢慢地，她开始理解朋友们提出的建议：她需要注意自己的影响。关键问题不是她说话的内容，而是是否有人在认真听，参与她的谈话。如果无论说什么话，是否充满活力地说，产生的影响没有什么不同，她也许就不会烦恼了。

阿曼达开始思考每次讨论的目的是什么。作为当地政府的一名中层管理者，她的同事完全可以不理会她。阿曼达没有高层管理者的权力和地位，她需要设法抓住人们的兴趣点，并让他们展开对未来的畅想。

阿曼达希望与当地权威健康卫生部门开展联合项目。她的第一反应是，直接向健康卫生部门表达合作意愿。很快，阿曼达就意识到这种说教式的方法不太可能赢得积极合作。她必须表达出与对方合作的共同愿景，以及对当地政府和健康卫生部门的积极影响。劝说的过程，需要一步步努力地倾听，同时阿曼达感觉到自己对他人潜移默化的影响。阿曼达开始懂得，有时必须耐心等待，直到同事们理解，并准备好下一步。阿曼达逐步意识到她的影响力取决于建立一种情感链接和融洽关系，还有说服他人的能力。

哪类人讲话最吸引你？那些能够点燃想象力、影响思维的讲话者，通常会通过故事抓住我们的兴趣点；他们能理解我们正在面对的问题，或者头脑里的问题。高效的谈话者很快就能找出我们的需求和关注的话题，让我们感觉到信任、忠诚，产生共鸣。那些能够影响我们的谈话者几乎不会苛责我们的失败，让我们忧伤或者愧疚。他们总能展开我们的想象，尽可能地启发我们，让我们充满活力地采取积极行动。

想想我们对他人的要求、提议或者请求的反应，这为我们提供了非常有价值的信息。想想哪类方法对我们有建设性影响，哪些方法则会适得其反。我们的这些反应是对别人的及时反馈，也是别人对我们影响程度的指标，这对其他人来说是非常有价值和意义的。给予反馈最好不要在情绪激烈的时候进行，在情绪褪去之后，反馈会更客观。

## >>> 敏感地感知你对他人的影响

- 回想一下，你对哪些事件的发展产生过很大影响，对哪些事件则产生很小的影响？
- 何种情况下，你能最有效地让其他人更活跃？
- 何种情况下，你能最有效地让其他人变得更有创造力？
- 何种情况下，人们会胆怯，不敢跟你谈话？
- 何种情况下，你需要控制自己的滔滔不绝、再三强调，给他人时间去消化，给他人机会做出反应？
- 如何才能后退一步，审慎决定哪些是你想要实现的长期影响？
- 如何最有效地建立双赢模式，双方的成功都被接纳和认可？
- 如何才能接受你可能对事件发展产生很重要的影响，但是功劳都归于其他人的情况？
- 你是否能敏感地发现，在对别人施加影响时，我们都在不经意地追求自己的成功，而非整体利益最大化？
- 你是否准备好接受他人带来的成功，而自己的意见被拒绝？

### 思考

- 在何种情况下，你的影响与预期恰好相反？原因是什么？
- 在何种情况下，你有特别的影响力？你是如何做到的？
- 你期望在哪方面产生特别的影响？为了预期结果最优，期望采取哪些步骤？

# 15 什么时间开始采取行动？

一群人对待某一问题存在不同看法，正在激烈讨论。终于有一刻，参与讨论的人中站出一个明智的人，他感觉到大家已经开始疲于反复争论，都希望尽快找到解决方案。这时候恰恰是总结之前的争辩、提出一种解决方案的最佳时机。参与者已经接受无法达成理想结果的现实，意识到需要在接下来的时间里达成妥协性的共识。在讨论过程中，过早地提出解决方案，大家可能会不感兴趣；而如果方案太晚提出，参与讨论的人可能会因过于疲惫，而不再认真听取方案。

把握时机至关重要。如果抓准了时机，很快就能取得进步；如果没把握住时机，就几乎不会有进展。

有时采取行动的时间，是由外部情况来决定的。比如，写字楼的租期到了，因此在特定时间之前必须做决定。用于投资的贷款必须在规定时间内还给银行。如果不采取任何行动，银行就会仔细审查公司账目。之前欣然同意向银行贷款的三十多岁的年轻人，将不得不重新审查公司账目，也许会招来许多不屑的目光和态度。

还有一种情况，采取行动的时间被一再推脱。比如，有些人的业绩很一般，你希望他们的业绩能有所提升。你相信他们会自觉地查漏补缺，很快追上来。对此，你一向非常乐观。与这些人的谈话一拖再拖。结果是，随着情况越来越严重，采取行动变得越来越困难，而个人对自己的问题总是容易遗忘的。

亨利（Henry）意识到手下的一位高层领导伦恩（Len）工作不像之前有效率。亨利一直觉得亏欠伦恩，因为工作早期，伦恩曾经鼓励过亨利。亨利并不想让伦恩难堪。他真心希望伦恩能够修补自己的漏洞，再一次找到自己的工作热情和活力。但是伦恩的业绩仍然差强人意：伦恩的属下也受制于团队的低效，士气萎靡。亨利对伦恩管辖范围内的问题采取视而不见的态度，静静地等待着即将发生的一切。

对亨利的警告来自老板一再质疑伦恩的业绩。亨利解释的理由说服不了老板，甚至也说服不了他自己。最终，亨利决定采取行动，与伦恩开始一场坦诚的交流。伦恩首先批评了亨利的领导风格，但是也承认自己的业绩不如预期。他接受了需要改变的意见。亨利非常乐观，但是也许过于乐观了。

事实是，伦恩的工作方法并没有很大变化。他的属下仍然不满意，结果仍然一般。亨利觉得是时候开始一场更强硬的对话，要把业绩考评指标拿出来讨论。这次对话让亨利感觉身心俱疲，但是他知道必须采取行动。谈话中间双方各不相让，开始出言不逊，最终伦恩离开了公司。离职那天，亨利和伦恩握手告别，然而那只是一种形式上的告别，几乎没有不舍。

亨利已经懂得为了公司、员工和客户的利益，必须采取行动。对亨利来说，一条惨痛的教训是，如果他尽早采取行动，结果可能会不同。他需要好朋友来提醒他，应该对伦恩采取行动，伦恩的业绩不佳、缺乏责任心，是伦恩的问题，而不是亨利的。

## >>> 根据你的判断，什么时候该采取行动？

- 遇到问题时，你是倾向于迅速采取行动，还是推迟采取行动？
- 按照以往的经验，你曾经何时准确地抓住时机？从中你学到了什么？
- 当你犹豫不决时，什么可以让你决定采取必要的行动？
- 当你犹豫不决时，什么能帮助你进入正确的思维框架，去采取必要的行动？
- 如何判断你的行动是否大胆？
- 有些人会客观评价你的行动，如何确保能从他们那里得到反馈？
- 当你情绪激动时，想要采取行动，但是理性又告诉你应该等待，这时你应该如何控制住自己？

## 思考

- 哪些因素可能在你需要采取行动时抑制住你的行为？
- 如何更好地判断出干预的合适时间？
- 你会和谁商量，帮助你明确现在正是采取行动的最佳时机？

# 16 保持行动与意识的良性循环

飞行员需要平衡意识与行动。意识来自他们以往的飞行经验，判断飞行是否平稳。意识同样受到驾驶舱里数据的影响。还要关注其他飞行员的反馈，适当地采纳他们的意见。飞行员的行动责任非常明晰，把飞机平稳地送达目的地，同时让乘客感觉舒适。飞行员在训练时，也要知道如何应对突发情况，采取临时措施。

有时，行动是需要仔细计划的，比如应对颠簸的气流。有时，飞行员需要在遇到鸟群或者雷电时做出快速反应。意识和行动对于飞行员来说是密不可分的两个方面。良性循环包括为行动做好准备，同时要学会应对不同的突发事件。

在不熟悉的路段，夜间开车会令人感到紧张不安。一般来说，我们都希望熟悉周边的情况和前方可能遇到的风险。但是在黑夜中，我们看不到几十米以外的街道名称或者路的走向，我们会因为信息缺失而倍感紧张。有限的意识会让我们对夜间在不熟悉路段开车感到忧心忡忡，让我们敏锐地觉察到需要提前计划，并规划合理路线。喜欢夜间开车的人会让自己集中注意力，集中安全驾驶的关键信息，准备好迎接有可能出现的弯道。

作为一名老师，罗莎琳娜（Rosalind）非常擅长平衡意识和行动。她能够感知学生的情绪，知道什么时候他们需要活跃起来，什么时候需要安静地画画或者阅读。她能敏锐地感觉到学生的参与程度和课堂的乏味程度，这些可以让她决定开展哪些适合的课堂活动。任何一节课上，她都会积极应对各种不同的情绪。罗莎琳娜需要建立一种意识和行动的良性循环，她想让学生期待上她的课。她对自己非常有信心。作为老师，她可以照顾到学生们的情绪，让他们主动学习。

对于学校老师，平衡意识与行动每几分钟就会发生。当医生在手术室看到一位病人，他们也许需要花 3 分钟来诊断病情，花两分钟来决定治疗方案并开始执行。医疗顾问在决定治疗方案前，都会进行一系列的身体检查。

每次在做一些小的决策时，我们都需要平衡意识和行动。我们在做一些较重要的战略决策时，或者涉及花费非常大的决策时，在采取行动之前需要更多时间。

在做出正确决策之前，我们需要了解哪类信息可以帮助建立良性循环。有时，搜集大量信息可能会推迟解决问题，甚至会回避问题。在其他情况下，大量信息是实现成功的关键。选择一些有用的数据并不容易。有时候，我们试图尽可能地搜集更“完美的数据”，但是“完美的数据”未必能取得最好的结果，有时候需要基于我们现有的信息和洞察力，做出尽可能好的决策。

### >>> 在意志和行动之间，建立良性循环

- 根据你的观察，谁可以做到两者之间的平衡？
- 在何种情况下，你发现搜集更多的信息会推迟做决策的时间？
- 你是否意识到匆匆做决定之前，应该再观察一段时间？
- 哪些技巧帮助你感觉到周围人的意图和情感？
- 全方位观察其他人是如何做到两者之间平衡的，你能从中学到什么？
- 哪些因素会妨碍你实现两者之间的平衡？你是如何处理这些因素的？

**思考**

- 你如何在工作与生活中实现意识和行动的平衡？
- 如果在某些领域，你比别人能更好地平衡意识和行动之间的关系，你从中总结了哪些经验？
- 在生活中的某些领域里，你是如何重新调整意识和行动之间关系的？

# 第五章

## 理性和感性

作为人类，我们既理性又感性。有时，我们努力让自己变得完全理性。而在其他情况下，感性思想会冲在前面，控制了我们对事物的反应。有时候，我们的理性和感性保持一致，而在其他情况下，它们又有显著的不同。《铁娘子》里面有一句经典的台词，当时英国前首相撒切尔夫人（Mrs Thatcher）对于过分强调人的感受感到非常气愤，她说："重要的是人们的想法和行动。"但是做事完全不考虑别人怎么想，也会产生彻底的负面效应，而且经常适得其反。

这一部分主要探讨四个方面的内容，把感性思维当作有价值的信息，不要过分理性，保持理性和感性反应相一致，敏锐地觉察自己的内心感受。

# 17 把感性思维当作有价值的信息

我们大脑的构造意味着感性思维要快于理性思维。大脑在有机会思考之前，已经开始感性地做出反应了。感性反应的基础是把危险降到最低，在遇到危险时激起反抗。有时当大脑捕捉到危险信号时，这种危险似乎与之前的某段糟糕的经历类似，尽管事件可能不尽相同。

我们大脑的边缘系统（边缘系统是指高等脊椎动物中枢神经系统中由古皮层、旧皮层演化成的大脑组织以及和这些组织有密切联系的神经结构和核团的总称）里都储存着若干情感激发器。这些情感激发器随时会被触发，可能是因为某个项目或者演讲中犯错，也可能是因为擦伤或者是令所有人都恐慌的危机。令人感到担忧的是，当一些类似的情况发生时，负面情绪开始起作用，减少了理性思考的机会。

被刺激的边缘系统时刻留意着周边的危险，经常会错误地理解周边发生的事情。快速的感性思维反应也许意味着积极的刺激正在错失。这种“战斗还是逃跑”的决定一旦做出，情绪就会立刻高涨，我们理性冲动会被压制或者隐藏。

情绪化的反应可能并不能帮到我们，或者成为我们行为的障碍。某些评论对我们没有恶意，但我们会过分解读。我们对某个事件发表了非常感性的理解，脱口而出，以至于没有注意周围人的感受。我们对某些人的做法感到遗憾，表现出了沮丧。我们说出一些批评的话，并没有考虑后果。在某些情况下，我们感到恐惧，结果是感觉精疲力竭，很难冷静、客观地看待一次讨论。

有时候我们情绪化的反应会带来外在的、非理性的恐惧。比如只是出了一件小事，我们就觉得整个世界即将崩塌，或者感觉像是受害者，被其他人批评或者忽略。当我们进入受害者模式，慨叹自我牺牲时，我们可能会被这种负面的情绪压制住生命、活力和希望。

但是感性思维对于生存和成功至关重要。原始人凭借感性思维，敏锐地觉察到危险。当危险来临时，他们能够从容地选择抵抗或者逃离。当对面的车飞驰而来时，我们迅速躲避，那种恐惧我们都体会过。感觉忧虑、不安或者恐惧为我们提供了非常有价值的信息，能够及时挽救我们的生命。

对人的害怕和小心翼翼，会为我们提供有价值的信息，告诉我们应该相信谁，应该小心对待谁。会议开始之前，我们感觉紧张不安，这意味着我们还需要更积极地准备。对讨论结果感到非常气愤，也许意味着问题并没有得到解决，需要做更多的工作，来实现最终的结果。

威廉（William）计划带领团队与一家大型商业企业签署一项合同。威廉非常兴奋，但是在经过调查研究并会见了几名公司员工后，他感觉心情非常复杂。这种心情充满了期待和兴奋，也有担忧和紧张。

威廉想要分析自己的情绪，把它们当作重要信息。他觉得最好的方式是先与好朋友聊聊，远离担忧和紧张情绪。然后，威廉想知道自身积极情绪的源头，确保这些情感继续给他能量和决心。他还想知道内心的担忧和紧张多大程度上是因为承担了新任务，属于正常现象。

威廉意识到恐惧感来自对话和观察得出的结论。他本能地感觉有问题需要解决。通过与非常信任的朋友进行交流，威廉开始逐渐认识到他的担忧和紧张情绪并非空穴来风，而是为要做的事情及时提醒一些注意事项。威廉的秘诀是站在局外人的角度，理解大家给出的关于自己即将面临局势的建议。

### >>> 哪些方法可以解释自身的感性思维？

- 站在局外人的角度，审视发生在你身上的事。
- 列举出你目前的感受。
- 找出自己习惯性的感性思维模式。
- 如果是消极情绪，意识到它是潜在问题的早期预警。
- 回想一下，第三方会怎么看待你的感性思维，他会给你什么建议。

- 对于有同样感性情绪的人，你对他们有什么建议？
- 你可以信赖哪些人，可以与他们讨论自己的感受？
- 如何才能加速理性思维，与感性思维同步？
- 当一种感性反应非常强烈时，你是否会有意识地更换环境，摆脱过于感性的想法？

### 思考

仔细研究下列事项，假设你目前正在面对以下事项：

- 感性的想法是否为你提供全新的观点？
- 感性的想法是否阻碍了你解决问题？
- 如果你把感性的想法当作有价值的信息，在多大程度上，这些想法能帮助你清晰地解释目前的状况？

# 18 不要过分理性？

杰弗里（Geoffrey）为自己可以理性地解决任何问题而感到非常骄傲。他的方法是把每个问题都剖析成一系列步骤，并坚信每一步都能找到解决方案。

杰弗里相信通过冷静的思考和反思，人们可以解决任何问题。每当杰弗里遇到问题时，他都会找一个安静的地方，拿出一张空白纸，写下要点和考虑的因素。他需要想出 3 种解决方案，再客观地分析每种解决方案的优点。然后，再拿出另外一张空白纸，写出每种解决方案的关键风险。杰弗里会给每种风险评级，从 1 级到 10 级为 10 个等级，并且找到一种最有效的方法来处理这些风险。他会用这些数据来决定哪种选择最优。

杰弗里对自己理性的逻辑方法感到非常骄傲。这些都得益于自己曾经上过的项目管理课程。他的方法受到同事的赞美，但是他小心翼翼、有条不紊的方法总会激怒一些人，也不能发掘其他人的闪光点。杰弗里喜欢沉思，需要独自想出解决办法。而其他同事喜欢探讨，直到得出结论。

费莉希蒂（Felicity）非常欣赏杰弗里的风格。她是公司会计，办事也非常理性，把商业利益放在首位。在费莉希蒂看来，任何决策中的关键要素都需要财务数据，她理想的活动是仔细钻研财务表格。费莉希蒂知道财务数据的重要性，除非数据显示项目是盈利的，否则就没有必要执行，但是项目的成功执行，还需要许多人的感性反响。项目的成功执行，需要一定程度的激励和付出，帮助整个团队成功地度过困难时期。这并不像是一道数学练习，只要采用正确的解题步骤，就可以得出正确答案。项目的顺利执行，还需要有强大的凝聚力、共同努力和对彼此的相互信任。

另外一家公司中，上级安排罗恩（Ron）设计一套新的薪资体系，以适应公司下一步的发展。罗恩非常理性地执行这项任务，并且设计出一套复杂的薪资体系，这套体系囊括了员工对公司的各种贡献，并且将公司业绩增长、预期业绩的实现，用一套精细的算法与员工薪资相挂钩。它试图包括员工各种可能出现的行为、结果，这套体系变得越来越复杂。

罗恩的提案非常理性且合乎逻辑。但这套体系存在的风险大部分人看不懂，它扭曲了员工的行为模式，鼓励相互竞争和持续关注自己的个人薪资底线。可替代的方案是一个更加简单的模式，只需包括非常简单的业绩评判，而这种评判为大多数人接受。

多数员工觉得罗恩设计异常复杂的模式只是理论上的杰作，在实践中，它带来的结果将是毁灭性的。罗恩也逐渐意识到为什么大多数员工并不支持他的方法，也理解迟迟不接受复杂模式背后的情感因素。过于理性是他失败的原因，尽管他不想承认。他意识到薪酬体系的清晰、简洁，对团队行为的激励效果比个人竞争更重要，而之前他并没有重视。

在做出任何艰难决定之前，清楚地理解一些理性的论点通常是正确的开始，但是信息并不仅仅跟事实相关。它还需要包括个人或团队可能出现的反应。他们的情感反应就像客观的财务信息一样有效。

## >>> 如何判断自己是否过于理性？

- 过去你是否经历过理性的方法非常有帮助？是否意味着你在理性思考时，忽略了感性思维？
- 你是否经常在理性与感性之间来回摇摆？
- 如何更好地评估你自己、同事和客户的感性思维，清楚什么样的论据更有可能影响他们？
- 如何更好地判断你是否只是单纯地采用了理性的方法？
- 谁会及时地告诉你过于理性效果并不好？

## 思考

- 什么会让你清晰、理性地思考你目前正在处理的问题？
- 如何才能更好地客观评估感性反应或者感性理解？
- 如何更好地让人们都认可你、追随你，不再被孤立或者被忽略？

# 19 让感性思维和理性思维彼此同步

感性思维和理性思维很少一致。通常感性思维来得要比理性思维早——因此，把问题暂时搁置，无意识地思考，让理性思维赶上感性思维。我们大多数人都有这样的经历，前一天晚上，觉得毫无办法的问题，到了第二天早上突然就有了非常清晰的解决方案。大脑需要时间处理接收到的信息，并从以往经历中获取经验。或许我们的大脑在自己的价值观里寻求理解某一问题，思考的过程需要受到我们以往经验和洞察力的影响。

在其他情况下，我们在做理性思考后，感性思维往往会持续很长时间。我们也许会换一份新的工作，我们一直理性地思考该如何更好地胜任新工作。偶尔我们也会怀念以前的工作。这份怀念也许是对前一份工作中同事之间的感情留恋，也许是受到不公平待遇后持续的挫败感和不公感。我们好像困在以往的时光里，为以往经验中的感性所围困，不愿前进，不愿让过去的事情过去，尽管理性思维已经不再思考这些事情。

在我们亲密的家庭成员或者朋友去世后，悲伤的心情可能会持续许多年。结束一份你喜欢的工作，带来的悲伤也会持续同样长的时间。玛西娅曾经担任一家附属子公司的执行总监，三年时间里工作一直很顺利，她感觉自己要升职了。但是，公司委派了新任首席执行官掌管公司，领导风格与以往非常不同。

玛西娅努力地讨新领导喜欢，但事与愿违。新任首席执行官认为玛西娅不够足智多谋，不能够领导整个公司。玛西娅被平级调动，新的工作岗位需要承担较少的职责。玛西娅感到非常难过，却极力掩盖她的气愤。玛西娅知道她必须是职业的，必须重新昂首挺胸。对于她的继任者，玛西娅表现得非常积极，她让手下迎接新任领导以及未来的工作。

玛西娅的内心翻江倒海，但是她努力保持冷静。玛西娅需要把她的情感宣泄出来。她的搭档很聪明，意识到他必须在几个月的时间里，帮助玛西娅消化这些情绪。玛西娅很快就理性地接受了新工作，并开始喜欢上新工作。但是情感上，她内心仍然非常痛苦，感觉自己被“降职”了。消化悲伤需要一个过程，需要的时间比想象中更长。最终，玛西娅可以坦诚地对前任老板说，更换岗位对她以及公司都是正确的选择。

不可避免的是，我们的感性思维和理性思维并不同步。他们并不像左右脚一样总是步调一致，愉快地配合。我们的理性思维往往会比感性思维更容易被揣测。

有时，想象一下一只脚原地不动，观察另一只脚的移动，可能会更好地帮助你理解感性与理性的关系。有时我们的感性思维和理性思维并不一致，还有深层次的矛盾。我们或许不得不接受需要建立一种节奏，感性和理性相互印证，而非互相破坏。

### >>> 如何让感性思维和理性思维保持一致？

- 观察自己的情绪周期，今后减少感性反应对自己的影响。
- 接受这样的事实：有时我们的感性思维来得非常快，而在有些情况下，又非常缓慢。
- 当遇到一时难以解决的问题时，允许自己暂时搁置一下。
- 当你有可能只局限于某一特定想法时，允许自己接受新的信息或者情况。
- 确定哪种思维占主导地位——感性思维还是理性思维，在考虑主导思维方式时，要做适当调整。

## 思考

- 评估一下，你的感性思维和理性思维在多大程度上是相一致的？
- 如果存在不一致，原因是什么？这种不一致在多大程度上耗费你的能量？
- 如何采取措施调整这种不一致，让感性思维和理性思维相互协调？

# 20 了解自己的内心感受

我们的行为是非常复杂的。审视我们自己就像是透过万花筒看到五彩斑斓的画面，有时是随机的，有时又是整齐的。

当我开始从事指导新员工的工作时，我首先要了解他们的家庭和文化背景。我们的许多看法、做事的方法都形成于童年和青少年时期。无论我们是否喜欢，父母都会潜移默化地影响我们的行为和态度。

通常我们给其他人留下的第一印象，与我们的内心非常不同。有一些人外表虚张声势，实际上是在掩盖内心缺乏自信。而另一些人沉默的外表下，是非常有创造力的头脑，随时能迸发出新的想法。一位女士外表温柔羸弱，似乎一阵轻风就能把她吹翻，却有一个思路非常清晰的大脑和一套强硬的方法，似乎可以解决任何问题。有的人外柔内刚，有的人则是外刚内柔。

我们的家庭传统和个人经历也许会深深地影响我们，但我们绝不会完全地被过去束缚。按照我们想要的方式，我们总会有多种选择。有时我们感觉自己别无选择，其实我们每天都在决定自己的态度，进而影响自己的内心感受。

仔细审视我们的内心感受可以为我们提供有用的信息：当我们为即将到来的工作感到兴奋时，兴奋传递给我们安心的信号，表示我们完全能胜任这份工作，也有信心处理出现的状况。当我们感到紧张不安时，紧张传递给我们警惕的信号，提醒我们要认真处理即将面对的状况。但是神经紧张可能意味着我们并不在状态，工作效率也没有平时高。

我们观察自己会发现随着情况不同，对待事物的态度也会不断变化。我们对风险的偏好，就会随着我们社会角色、社会声誉以及财务状况的变化而变化。比如某人的孩子经济独立了，父母会在很多方面感觉解放了，包括更愿意谈论工作，也不像以前那样担心失去工作。

我们的内心感受可能是对生活与人之间互动关系的信仰，加上我们所从事的工作和遇到的机会的产物。我们奋斗的目标可能会随着时间的推移而变化。事业刚刚开始时，我们希望获得个人影响力。之后，衡量成功的标准变成了团队的影响力。再之后，衡量标准可能会变成我们培养新人的领导能力。

审视我们内在的能量水平，不仅对我们自己，对整个团队也都有重要价值。人的情感状态是有感染力的。如果我们感觉内心坦荡、波澜不惊，其他人也会有同样的感受。如果我们在工作时流露出积极的态度，也是可以对他人产生积极影响的。如果我们感觉精疲力尽，其他人也会感觉疲倦。

帕梅拉非常清楚地意识到，自己对周围人和事的反应非常敏感。有时候，这会影响工作方式，对其他人也会产生同样的情绪上的反应。她知道需要把握住自己的情感反应。她处理的方式是找两三个值得信任的人，向他们倾诉内心的情感。用这种方式，她能够区分出哪些情感是有用信息，哪些来源于自身，还有一些情感只是一些系统内的杂音。

## >>> 时刻审视自己的内心感受

· 从局外人的角度，客观地观察自己的情感。
· 找出持续影响你的思想、反应和行为的家庭文化背景。
· 享受你喜欢的情感反应。
· 试着将你的反应、有价值的观点和背景噪声区分开来。
· 在感觉轻松时，享受这种感受。
· 当感觉沉闷时，思考一下什么令你感到精神振奋。
· 当感觉极度活跃时，想想什么能让你冷静下来。
· 当感觉无聊时，想想什么能激发你的想象。

## 思考

- 目前，什么能令你心潮澎湃？
- 你目前的希望和抱负是什么？
- 哪些恐惧阻碍了你？
- 哪些新的灵感或者安稳的信号来自你的内心？

# 第六章
## 个人主义和集体主义

当网球双打选手一起打球时，两名选手需要一前一后地积极配合，共同打出好成绩。个人主义者很少会成为优秀的双打选手，而那些能提升队友赛场表现的选手，往往会取得 1+1>2 的成绩，组成优秀的双打组合。

成功很少来自个人的努力。通常，我们是团队或者集体中的一员，成功来自共同的目标和互补的贡献。这一部分探讨的问题：哪些是你的问题？不要推卸责任；哪些事情只有你能做到？家庭和友谊，你需要吗？什么时候以集体利益为重？

# 21 哪些是你的问题？不要推卸责任

如果网球双打选手其中一位不在状态，他的搭档会尽力鼓励和激励他恢复状态。但最终，仍然需要选手自己从不佳的状态中找回自己原有的锐气，高水平发挥。攀岩的选手需要靠同事确保安全，但是仍然需要选手自己保持坚定的决心，发挥最好的技术，攀上顶峰。

本（Ben）是一名议会书记员，曾服务于多位政府部长。本的日常工作是确保议会的问题能够得到迅速而准确的解答。多年来，本建立了令人敬畏的良好声誉。有一次，他在最终解答中错误地转写了几个数字，这些错误被《英国议会议事录》出版。本遭受了媒体的批评以及部长愤怒的指责。本的第一反应是掩盖自己的错误，但他知道自己必须承担责任，承认错误。他本可以模糊事情发生的细节，但是最终他认为需要坦诚面对自己的错误。部长因为他承认错误而尊重他。部长耸耸肩说：“这些事情偶尔会发生。”本知道自己今后的信誉基于以后不能再犯同类错误。

杰拉尔丁正在领导实施一个项目，在规定时间内，为公司安装新的 IT 系统。项目计划书非常清晰，里面有许多漂亮的表格，还有风险评估，这些在审计人员看来是非常完美的。前几个月，项目进展一切顺利。之后，几个团队核心人员突然离职；紧接着，供应商并没有按照预期完成项目执行。另外，有人提出要修改一些不太重要的技术参数，项目成本一直在上升。杰拉尔丁非常仔细地处理这些事情。没有一件事是他的错，但是所有问题叠加在一起，越来越凸显。

杰拉尔丁向老板解释所发生的一系列问题，需要其他人逐一解决。老板盯着她的眼睛说："这些都是你的问题，因为你需要为项目的顺利实施负责任。"这有力的反驳提醒了杰拉尔丁，她不可以把责任推给别人，最终的责任在她自己身上。杰拉尔丁努力思考，为了让项目顺利进行，她应该做哪些努力，让问题得到逐一解决？杰拉尔丁需要实现微妙的平衡。她承认自己对项目整体负责，如果项目中的某处出现问题，她有责任。同时，她需要明确每个人的职责范围，让大家各司其职，解决自己工作职责内出现的问题，而不是一股脑儿地把问题都推卸给她。

最初为政府部门做财务总经理时，我发现在其中一个领域出现了超支现象。我们把问题汇报给政府大臣，咨询她应该怎么处理，她很坚定地告诉我们自己去找解决办法。她愿意在适当的时候做出决策，明确表示问题首先由官员们来解决，提出解决方案。我们最终找到了解决办法，解决了问题，也没有把问题向部长汇报。

### >>> 哪些是你的问题？不要推卸责任。

- 你最终需要承担的责任有哪些？
- 由于个人的一些做法，可能会引发多大的问题？
- 尽管解决方案会涉及很多人，是否仍然需要你帮助提供解决方案？
- 大家对你解决问题的期待有多少？
- 如果你不采取任何行动，结果会如何？
- 你认为需要承担的职责有哪些？
- 你是如何化解问题的？
- 解决问题的具体计划和步骤有哪些？

#### 思考

- 有没有一件事情，需要你来想办法解决，或者协调大家一起来想办法解决？
- 有没有情况是：你把责任移交给他人，但是如果出了问题，你需要承担后果？
- 下列哪种是你的做事习惯：习惯于把问题推卸给其他人，还是独自想办法解决问题？
- 你如何确保在他人有责任感和自己解决全部问题之间找到平衡？

## 22 哪些事只能由你来做？

积极的领导力意味着不断激发和提高个人和团队的活力，这两者对成功都至关重要。多数领导都希望为团队带来改变，他们喜欢用不同的方式为团队带来价值。他们经验丰富、敬业能干，比团队里的多数员工都能出色地完成个人任务，但是询问“我能为公司带来哪些价值”本身就是错误的。更好的问题是“哪些事情只有我可以做到”。这个问题才能检测出领导是否充分、高效地利用了时间和精力。

一支足球队里，守门员是禁区范围内唯一可以用手拦球的球员。板球比赛中，投球手跑步投球，只允许站位在击球线的击球手击球。

罗宾非常擅长为部长们起草文书。他撰写的文书逻辑清晰、重点突出。罗宾从撰写文书中获得极大的快乐。他撰写的文书简洁清晰、有深度，分析各种观点的利与弊。本部门的文书几乎都是由罗宾撰写的。罗宾是否充分利用了自己的时间和精力？他是否应该花些时间指导其他人撰写出同等质量的文书？

最初，罗宾认为自己亲自撰写文书，完成的速度比其他人要快。但是其他人也应该有机会接受培训，撰写出高质量的文书。对于罗宾来说，理想的做法应该是知道哪些文书由他亲自撰写，哪些文书应该由其他人撰写。他应该把部分精力放在培训和指导新人上。其实，还有一件重要的事别人无法替代罗宾，即罗宾接触各部部长的机会多，他比别人更了解部长们对文书的需求和反馈。

艾琳是一家代理机构的总裁，非常热爱自己的工作。平时，她工作非常繁忙，需要高效地利用自己的时间和精力。她问自己，我可以给公司带来哪些价值？答案不胜枚举，因为她所做的绝大多数事情都可以给公司创造价值。当她把问题换成“哪些价值只有我能为公司创造？”答案就没几项了。艾琳所做的大部分事情，其他人也可以替代，尽管不一定能像艾琳那样完美。

而艾琳作为企业领导，还有许多其他人无法替代的任务。这些任务包括为公司制定清晰的愿景、决定财务分配、保持与董事会主席的良好关系、确保核心股东们的意图被员工理解，并向他们及时反馈。艾琳意识到她的一言一行与所做的决策同样重要，因为公司员工会效仿她的工作方法和行为举止。如果她做事冷静、头脑清晰，又有分寸感，这种工作作风很有可能被他人学习。

杰克在一家警队任高级职务。每次有大案发生，他都会让副职处理案件。而杰克主要负责与政客和媒体打交道。杰克充分相信副职的能力，专注于外部事务，这样副职就可以专心地处理案件，免受打扰。杰克的领导力和丰富经验，以及为警队所做的贡献在外界得到广泛认可。

一家咨询公司的整体收益水平开始下降，总裁知道他应该向股东负责。公司财务主管和运营主管都准备站出来接受批评、承担责任。但是总裁知道，为了让股东们安心，他必须坚定不移地带领大家克服困难、共渡难关，并证明公司正在采取积极的补救措施。这个时候决不能退缩。就像公司业绩好的时候，他赢得了荣誉；现在利润下降，他就应该承担责任。

“哪些事只能由你来做？”在不同环境和时间里，对这个问题的回答也不同。有时，你需要带领整个团队，为他们设立清晰而唯一的目标。有时候可能是保持沉着冷静、安慰员工，告诉大家现在不是换工作的最佳时机。以上两种情况，都需要独立和放权，这些领导都可以做决定，而不为其他人的想法和期望左右。

## >>> 哪些事只能由你来做？

- 哪些能力让你达到了今天的水平？
- 你对哪些人更具影响力？
- 有哪些工作职责只属于你，其他人没有？

- 你做哪些事，能影响公司今后的发展？
- 如果你一段时间没有参与公司事务，哪些事情就不会发生？
- 团队成员从你身上能获取哪些从其他人身上无法获取的东西？
- 你的背景和经验会给你带来哪些独特的洞察和领悟？
- 其他人期待你能为公司做出哪些独特的贡献？
- 凭直觉，你觉得哪些事是你可以为公司做出的独有贡献？
- 如何能更好地协助别人，增加他们对公司的贡献？
- 有没有一些岗位只能由你来做？

### 思考

- 把自己对公司的贡献集中分类，你在哪些方面更擅长？
- 有哪两到三方面的贡献，只能由你为公司做出？
- 问题的关键不是为公司创造了多少价值，而是你的唯一性体现在哪里。
- 当你更专注于一些只能由你来完成的事情时，如何做才能让新人更好地融入？

# 23 家庭和友谊，你需要吗？

玛格丽特全神贯注地工作，努力提升自己，努力赶超同事。玛格丽特的生活重心就是工作。当她不需要工作时，就会思考如何与同事紧密配合，加强团队建设，提高工作效率。

玛格丽特并不是一心想升职，但是她的确想在当地政府部门有一定的影响力。她承认目前压力很大、需要做的事情很多，而她可支配的资源又非常有限。

玛格丽特目前是单身，她对自己独立的状态非常满意。玛格丽特谈过几个男朋友，但因为才智上无法与她相匹配，逐渐对他们产生厌倦。玛格丽特非常宠爱自己的干儿子，也非常享受和他在一起的快乐时光。玛格丽特有三四个非常要好的女性朋友，她们一起开玩笑，一起开怀畅饮，但是没有人跟她关系非常亲密。

玛格丽特受到当地政府的高度信任。当地的政客们可以随时给她打电话征求意见。玛格丽特喜欢这种被需要的感觉。她承认自己是工作狂，因为工作带给她巨大的成就感。有些朋友试图鼓励她多留些时间给自己，培养一些兴趣爱好。玛格丽特总是一笑置之，感谢他们的好意。玛格丽格已经找到了内心的平衡，对此她也很满意。她每周工作超过 60 小时，她也觉得很好。她的干儿子和闺密们也会抽时间陪伴她。玛格丽特知道当她的确需要亲密友谊时，她也有好朋友。

对于瑞塔来说，实现内心的平衡并非那么简单。瑞塔志向远大，且精力充沛。但是她每隔一段时间就会感到非常疲倦，变得优柔寡断，需要休息几天调整一下。这种周期从上大学开始，一直到她工作，已经有二十多年了。有时她很享受这种持续的周期，有时她又感觉非常困扰。瑞塔的婚姻没有维持多久，现在她和乔安妮住在一起。乔安妮是一个恬静而居家的女孩。她欣赏瑞塔的活力，也非常愿意在瑞塔疲倦的时候照顾她。她们之间有一种相互包容和支持的友谊。她们从彼此身上汲取力量和鼓励，接受彼此的不如意，也欣赏彼此的优点。

约翰是一家公司的高级主管，负责管理 1000 多名员工。大多数周末，他都会抽出半天时间，与一群伙伴参加户外骑行。与其他骑行者在一起时，他从来不谈论工作。骑友们只知道他在办公室上班。其他的骑行者会聊起他们当警察、当消防员或者当工厂工人的生活。约翰非常喜欢和他们在一起，他们把他带入另外一个全新的世界，从事体力劳动，充满了兄弟般的义气。约翰非常珍惜与他们在一起的生活，这让他暂时忘掉自己的工作。只有一次，一位伙伴在报纸上认出了他的获奖照片。令人欣慰的是，从那时开始，朋友们仍然只是把他当作好伙伴，并不在意他是不是高管。

以上这些故事向我们说明了找到工作与家庭、朋友之间平衡点的重要性。对于许多人来说，传统的模式，也就是配偶、亲密家庭和长期的好朋友构成了我们的社交圈子。但是，我们关于家庭、友谊的平衡点，不一定适合其他人。我们都需要相信他人，与他们分享成功，敞开心扉，谈论我们的烦恼。作为人类，我们需要他人的陪伴，感知友情带给我们丰富多彩的生活。通常，友谊来源于共同努力、互相支持，无论是在运动场、社区活动、宗教团体还是在职场上，都可以收获友谊。

对于许多人来说，理想的模式是亲密的家庭和友谊相伴左右，再加上一些建立在共同合作、活动和业余爱好的基础上的小范围的友情和合作。

## >>> 家庭和友谊，你需要吗？

- 在家庭中，谁带给你更多的力量？
- 哪些朋友能帮助你解决一些难题，并最终得到令人满意的结果？
- 哪些家庭成员值得你投入更多的时间和精力？
- 哪些家庭成员或者朋友一直非常支持你，你该如何回报这种支持？
- 哪些友谊值得长期维护，他们总能滋养你，带给你新的想法，赋予你能量？

· 谁是我们生活中的良师益友，能让我们彼此都高效地工作，更好地为家庭做贡献？

### 思考

· 你愿意用哪些实际行动与家庭成员建立更亲密的伙伴关系？

· 为了共同合作和相互支持，你需要结交哪些不同类型的朋友，并投入时间和精力维系？

· 如何平衡个人理想与家人、密友之间的关系？

## 24 什么时候以集体利益为重？

长途骑行者非常依赖团队作战。他们轮流带领团队骑行，随时调整骑行速度、消耗体力以满足不同骑友的需求和偏好。个人的骑行表现虽然很重要，但是如果整个团队齐心协力、团结努力，每个人的骑行成绩都会非常优秀。

如果婚礼已经开始了，有两个人还在摆放窗户外的鲜花，这个场景是多么怪异呀！只有当最后一扇窗户外的鲜花摆放完毕时，整个团队的工作才结束。团队工作的结束才意味着婚礼可以如期举行。

许多人准备为一位即将退休的教授出版一本纪念文集，只有收到全部文稿时，纪念文集才能写作完毕，准备出版。编辑一本由多位作者共同完成的书，就像是领航一支护航舰队，只能按照行驶最慢的船舰规划工作。

著名的橄榄球球员们从国际赛场上退役，他们的内心都经过痛苦的挣扎。作为世界级水平的运动员，他们也想继续保持国际水平，但是他们也清楚地知道现在退出，开始培养新人，对整个团队最有利。橄榄球球员明白，与其靠以往骄人的战绩在球队保有一席之地，不如现在光荣退役，全力支持团队再创辉煌。

如果你是部门的积极分子，与部门领导关系非常好。同事们并不像你那样受领导重视。出于自身考虑，你可以选择保持自己的工作业绩领先于周围同事，也可以选择提高整个部门的业绩，从而让同事们也有好的业绩表现。如果自私一点儿，你可能会选择第一种，但从长期看，第二种方法更能体现你的价值，也同样符合你的长远利益。

支持别人，帮助别人发展的人，更有可能被大家认可，成为将来的领导。让同事更优秀，让团队更成功，可能自己的功劳容易被忽视，但只有给大家鼓舞，让多数人都取得进步，才更有可能被视为团队核心成员。你的角色会变得无可替代。也许升职速度没有想象中那么快，但这些都是暂时的，不会带来长期的、严重的后果。

优秀团队的力量远远大于每个队员的力量之和。团队成员能互相激发出彼此最好的状态，引发有新意、大胆的解决方案，处理棘手的问题。优先考虑集体利益，会引发令人振奋、激动的行为，打破固有思维，带来被大家认可的解决方法。

我曾经任英国教育与劳动技能部的董事。这个部门当时刚刚成立，大家都在为新成立的组织制定组织价值理念和行为准则，我与其他董事展开的对话是迄今为止我觉得最具创造力的谈话。我们这些董事拥有不同职业背景。集体讨论的结果令人非常满意，远远超过我们的个人智慧。这是我所经历的最具创造力的交流与对话。十多年后的今天，在我上衣口袋里，仍然留存着一张卡片，上面印着当年讨论出的部门核心价值观。

有时，集体利益优先势必会牺牲部分个人利益。但这并不意味着不惜一切代价认同他人的观点，而是首先要坚持自己的立场，明确哪些是需要商讨的，再充分发挥集体的力量和智慧，最终达成共识。

## >>> 什么情况下，以集体利益为重？

- 当成功主要基于整个团队的表现，而不是个人业绩时。
- 当团队工作比个人单枪匹马工作能取得更大的成绩时。
- 当一个人缺乏一些技能或者想法，而恰好团队其他人具备时。
- 当你的兴趣点开始转移，你和整个团队都恰好需要一个新的开始时。
- 当团队其他人更适合项目的下一个阶段时。
- 当由于疾病、受伤或者其他让人分心的事情，你不能全身心地投入工作时。
- 尽管对集体的直接贡献有限，但你对同事的支持是团队成功不可或缺的因素时。

## 思考

· 如何提高整个团队的工作效率？

· 如何退居幕后，让其他人逐渐成长？

· 如何大胆地锻炼其他团队成员，让整个团队表现优秀？

# 第七章
## 主动命令和被动听从

这一部分我们主要探讨如何做到主动命令和被动听从之间的平衡。如果我们总是主动要求别人，最终，我们会很疲倦，我们周围的人也同样非常疲倦。如果我们总是被动接受，我们很有可能失去主动性，也无法领导大家。

实现主动命令和被动听从之间的平衡，需要具备审时度势、把握时机的能力，需要知道如何做出大家普遍接受并愿意执行的决策。领导或者经理的成功在于既能做到主动命令，又能在必要时听从别人的意见；既忠于自己的价值观和哲学，又让周围的人认同你，不会孤立或者忽视你。

这一部分，我们会分析什么时候应该掌握主动权，什么时候只需顺其自然，能否对别人言听计从，如何建立主动安排和听取意见之间的良性循环。

# 25 什么时候应该掌握主动权？

现在有一项任务需要完成，你非常清楚下一步应该怎么做。你有责任让大家都行动起来。你可以采取主动，控制全局，指挥大家。你感觉自己像是在执行一项军事任务，非常享受这份责任感。在项目执行过程中，有人不停地向你提问，你陶醉在这种新树立的权威里。

有些时候，我们必须掌握主动。在任何危机发生时，都必须有人马上采取行动，告诉大家该如何去做。比如在发生交通事故或者其他紧急情况时，必须有人迅速做出决定，指挥大家。

掌握主动并不是随意地大吼大叫，发号施令，而是依靠经验和大家的信任，确保一套连贯的行动计划得以实施，并在事后向大家做出合理的解释。在体育比赛中，球场上风云变幻，球队队长必须快速做决定。基于对队长充分的信任，球员们相信他能做出正确选择，至少是在现有情况下最好的选择。优秀的球队队长会在比赛结束后向大家解释采取一系列战术和决策的原因，不会让大家在背后议论为什么这样跑位。

学步期孩子的父母必须主动收拾好孩子周围的物品。架子低层的东西要清空，贵重物品要放在高处。如果物品没有摆放好，那是父母的责任。如果蹒跚学步的孩子不小心撞碎了一支很贵重的玻璃杯，划破了手，责任并不在孩子，而是他的父母没有收拾好物品，把易碎物品放在了孩子的活动区域里。

我曾经做过一门专业技术课的老师，学生都是成年人。我并没有告诉他们怎么做、怎么思考，以此实现对课堂的管控。我的做法是建立一种信任和开放的环境，参与者可以非常自信地分享观点，互相探讨，建立行动计划。我的任务是创造一种可控的课堂环境，让大家都明确自己的想法，总结出接下来该如何去做。

温蒂领导一支由建筑师组成的团队，这些建筑师都非常有想法、有独立见解。作为团队领导，温蒂感觉自己在完成一件不可能完成的任务。温蒂最不愿意做的事情就是限制建筑师的个性和创意，但是工作也是有纪律的，有任务分配、清晰的工作目标和完成期限。温蒂并不想限制建筑师们的奇思妙想，但是必须在一定程度上约束他们投入的时间和精力。她在团队内部引入了同事互评机制。温蒂一边关注任务能否如期完成，一边极力推动大家分享各自有创意的方案。温蒂觉得自己的工作思路是对的，建筑师们必须如期交出方案，并保证方案质量。

杰克负责工厂的一条生产线。生产线必须严格执行质量管理制度，这样才能将次品率控制在规定范围内。但杰克不可能监控每个人的行动。杰克营造了一种氛围，让质量控制的观点深入人心，同时严格管理生产线上的每一个步骤。然而，这种非常严格的管理方法遭到了工厂工人的强烈质疑，认为这种管理方法过于严苛——也许这是对生产线质量管理的一种正常反应。

## >>> 什么时候应该掌握主动权？

- 出现紧急情况，需要立即采取行动。
- 你掌握一项特殊技能，大家也非常信任你。
- 你是绝对的权威，大家都期望你做出决策。
- 有一份责任只有你可以承担。
- 在需要做决定的时候，除了你以外，没有人愿意采取主动。
- 做决策的责任暂时属于你，但之后会移交给其他人。
- 如果你不掌握主动权，就有可能出安全事故。

## 思考

· 在什么情况下，你会自然而然地掌握主动权？

· 你是否还在犹豫是不是应该掌握主动权？

· 你是否需要他人的支持和赞成，才能很自然地掌握主动权？

目前你遇到的情况中，哪些需要你掌握主动权，确保行动顺利实施？

· 谁会阻止你掌握主动权？

· 哪些因素可能会促使你采取行动？

· 掌握主动权有哪些好处？

· 如何应对那些不支持你掌握主动权的人？

# 26 什么时候应该顺其自然？

假如你正从一个滑雪坡上往下滑，突然停下来会非常危险。所以你要顺着陡坡滑下来，而不是猛地停下来，然后摔得很难看。当你和一群朋友一起骑行时，朋友在前面带队，你只需要跟在骑行车队里，不需要消耗太多体力。

顺其自然有时像是一种逃避。感觉就像顺着人流往前走，对周围发生的事情置若罔闻。但是有时顺其自然是一种最简便易行、最容易快乐的过程。想象一下自己正在看一部轻喜剧，坐着舒适的沙发椅，享受着或荒诞或轻松诙谐的搞笑情节。在这种情形下，顺其自然让你精神愉悦、充满活力。没有必要对剧情较真儿，或者想着自己能编出更好的笑话。

当领导已经做了决定时，听从领导安排就是我们该做的事情。如果政府决定采取某项措施，我们就应该尽个人最大努力，确保政策得以实施。

偶尔，“逆流而上”也有正确的时候。有时适当保持“中立”也是必要的，但是当思想不成熟、行动混乱时，“逆流行驶”却鲜有成效。“顺应潮流”需要我们具备清晰的思路、良好的现实基础、稳固的伙伴关系以及很强的个人适应能力。

理查德非常确信公司准备采用的IT解决方案很糟糕。他曾表示过强烈反对，但发现支持他的人并不多。理查德选择先顺其自然，尽自己最大努力确保准备工作顺利开展，IT解决方案能顺利实施。但他仍然持保留意见，也在积极寻找其他可替代的方案。

IT解决方案使用一段时间之后，两三个同事开始表达不满，理查德感觉是时候提出自己的顾虑了，并正式提出更换方案。最终，理查德的个人意见被采纳。他回想起这段经历，认为开始时，保持一段时间的“顺其自然”是对的，过早提出其他解决方案，也未必能被大家接受。倾听其他人的想法，在大家都表示质疑时，选择合适的时机，再提出个人观点，这样更容易成功。

迈克尔在一家铁路公司做列车咨询服务。他对待旅客总是非常热情友善，甚至当旅客烦躁不安时，也不例外。如果火车晚点，他尽可能向旅客提供更多的信息，并对由此为旅客带来的不便表示歉意。面对旅客的担忧和沮丧，迈克尔选择了“顺其自然”，让旅客们确信，他们正在尽全力采取行动解决问题，确保火车能尽早到达终点。迈克尔并不控制火车的实际运行。迈克尔把自己当作旅客，设身处地地为他们着想，耐心地解释，所以他做得非常成功。

顺其自然看似是一种逃避，但它通常是别无选择，或者正在等待时机。

### >>> 什么情况下，你会选择顺其自然？

- 当你认为大家的选择是正确的时。
- 当你相信大家是有智慧、经验并值得信赖，能做出正确选择时。
- 当实际行动远胜于无休止的讨论时。
- 当你的时间和精力专注于其他事情，而你又非常乐意接受别人对你的看法时。
- 当有人非常热衷于某项活动，而这项活动的结果，对于你来说并不重要时。
- 当尽管不是很情愿，但你知道其他人对下一步做法的判断是正确的时。
- 如果不顺其自然，你就会处于危险境地时。

### >>> 什么情况下，你会拒绝选择顺其自然？

- 当你认为大家提出的行动计划非常糟糕时。
- 当你觉得大家的做法违背了你一直坚持的道德原则时。
- 当行动方案违背了你一直坚持的价值观时。
- 当你提出反对意见，有人会支持你，也有人表示反对时。

· 为了谋求更好的结果，你愿意牺牲一些个人利益时。

· 如果不站出来反对，你就无法安心时。

## 思考

· 在你目前的工作和生活中，请举出一个“顺其自然”的例子，再举出一个“逆流前行”的例子。

· 是什么让你做出了截然相反的选择？

在哪些情况下，你非常有可能：

· 不加思考地选择“顺其自然”。

· 在选择“顺其自然”之前，经过缜密思考。

· 非常明确地站出来，反对大多数人的意见，提出自己的观点。

# 27 能否对别人言听计从？

我们心目中都有敬仰的英雄，他们毫无疑问对我们有深远影响。每当我们遇到全新或者困难的环境时，我们也会想象如果我们心中的英雄们遇到这种情况，会如何应对众人的期望和压力。

偶像为我们提供了精神鼓舞，激励我们不断进步，取得比预想更好的成绩。我从小在约克郡长大，父亲在我年幼的时候去世，母亲独自抚养我长大。在我的成长过程中，有两个人对我影响最大，一直鼓舞着我。一位是学校的老师，另一位是当地青年俱乐部的主管。他们让我把眼光放长远，告诉我世界远不止约克郡这么大，要努力去上大学，去看更宽广的世界。回想过去，我无限怀念那些我们崇拜的偶像们，他们给了我许多人生启迪。

但是，我们是否可以完全按照偶像的做法去做，对他们的话言听计从？你是否认同模仿偶像们的做法，相信只要按照他们的做法去做，一切就都会自然而然地好起来？有时，我们不相信自己，进而转向仿效偶像们的做法。在这种情况下，崇拜就成了一种束缚。

如何能学习到偶像们的精髓，同时又保有真实的自我和内在力量？选择不同领域、不同类型的多个偶像，要比只有1 ~ 2个崇拜对象更明智。试着去了解偶像或者英雄们的成长经历，可以帮助你找到适合自己的道路。从他们身上学习借鉴，而不是照搬照抄别人的一套做事方法。深入分析哪些因素塑造了我们的偶像，可以帮助我们积累人生经验，抓住机会塑造我们独有的品质，发现我们独有的力量。

我们也许会对老板言听计从。照着他的话做，凡事要经他允许，期望他给我们业绩好评。我们想要得到老板的表扬，不想被批评，因此，我们很容易陷入一种“好好先生”的思维模式。

我曾经在当地政府部门做高级文职，我的工作需要听从部长们的安排。我受他们的领导，执行政府出台的政策。如果我盲目地听从他们的任何突发奇想或一时心血来潮的想法，我的工作也没办法顺利完成。作为一名高级文职，我应该执行政策，我也有责任带给部长们相关的事实和观点，让他们能听到不同的声音，看到不同的选择。我的任务是理解部长们的意图，与他们一起找到最有效的解决方案。我曾经与部长们建立了非常好的伙伴关系，我从不盲从地接受他们不成熟的想法，我们彼此尊重。

与老板相处的最佳关系是了解他的以往经历，理解他的想法，开诚布公地交流，提出有建设性的意见，列举出不同的看法。好的工作关系不是束缚或崇拜，而是坦诚友好和富有建设性。

简（Jane）强烈地感觉到老板比尔（Bill）想让她完全按照安排去做，具体到每个细节。这种压力让简烦躁不安，甚至有些害怕。简感觉自己被比尔关进了鸟笼子里，无法逃出戒备森严的统治。每个星期一的早晨，简都不愿意去上班。最终，她决定要和比尔好好谈谈。让简没有想到的是，比尔愿意接受简的意见。比尔对自己之前过于约束的管理方法表示歉意。经过深入交谈，简也更加理解比尔的做法。比尔开始给简更多的自由，简也有信心获得更多的自主权。简不再像以前那样言听计从，做事情也更主动了。

### >>> 你或许会听从哪些人的安排？

- 那些一直以来就受人敬仰的人。
- 服从老板，按照他的意图做事。
- 按照别人对你的期待去做。
- 按照对自己的期待去做。

### >>> 你会受到哪些事情的约束？

- 自己的文化或者信仰中，对于成功的理解。

· 以前的自己，现在已经时过境迁。

· 自己需要解决的相互冲突的一系列事情。

### 思考

· 在未来，你会听从谁的安排？

· 采取哪些方法，可以让你跳出束缚？

可能会采用的方法包括：

· 接纳以前的自己和他人。

· 接纳自己曾经做出的荒谬的事情。

· 从现在开始，如何让自己既可以学到别人的精髓，又坚持自己的立场和想法？

## 28 能否在主动安排与听取意见之间建立良性循环？

最佳工作关系应该做到既能主动安排，又能积极听取意见。我曾经在政府做总干事，身兼三职，当时助理干事卡萝尔协助我完成工作。卡萝尔非常出色地与我配合。当她认为我的想法不对时，她会非常直接地告诉我。当她认为我的工作方向正确合理时，她会完全听从安排，积极响应。我们之间的交流效率很高，很有成效，因为彼此都能做到主动交流，并听取意见。当我们处理重大财务问题时，如果她认为我的想法不对，她会劝阻我。她会让我打开思路，接触到多种方法，并且客观评价这些方法。

在一定程度上，主动安排和听取意见恰好是一枚硬币的两面。除非你知道大家对你的工作要求、安排会有哪些反应或者意见，否则提出要求的效果并不好。如果要求和安排无人理会，或者大家都很不情愿地接受，强制推行的意义也不大。优秀的领导在安排工作之前，一定要了解大家可能做出的反应。

建筑施工队的队长坚持要在月底前完工。为了如期完工，光靠发号施令是不行的。他需要了解工人们的态度以及工作方法，还要给工人们物质奖励和精神激励，帮助他们能够按照工期完成工作。

直接对员工提出工作要求，适用于工作任务明晰、时间表固定、风险明显、工作内容明确的情况。而需要听取员工意见，适用于关键问题还要继续讨论，各方的态度仍然在变化，关键环节还未确定，时间安排还未确定的情况。

最好的项目执行方式是，领导既能做到主动安排工作，又能听取员工意见。在项目开始执行阶段，领导向员工布置工作，在未来几个月里需要完成的任务，以及一套具体行动方案。任务布置完毕后，接下来就是具体实施阶段。这一阶段，需要员工互动讨论，集思广益，明确项目执行的细节。有效的项目管理团队，既有执行力强的员工，又有勤动脑爱思考、敢于建言献策的员工。而最有效的工作团队，经过一段时间，可以培养出身兼以上两职的精兵强将。

德里克在一家游轮公司做客服主管。德里克必须先制定出清晰明确的客户服务标准。另外，他又要倾听不同客户的声音。毫无疑问，“顾客是上帝嘛！”他随时准备着听取客户的意见。但有时，客户提出不合理的要求，或者对其他客户产生负面影响，或者企图打破先例。当遇到这些情况时，德里克不得不严词拒绝。

根据以往的经验，德里克深知如何拒绝客户至关重要。拒绝客户的同时，要对客户的心情表示理解，尽管无法满足他们的要求，可以向他们提出其他解决办法。德里克非常清楚，一旦被客户认为是“好说话”的人，他们提出的要求就会越来越高，他在公司的信誉就会下降。德里克需要倾听来自客户和老板的不同声音，满足他们双方的需求。有时他必须直接下命令，要求员工改变不合适的工作方式。德里克的工作要兼顾主动安排和听取意见，让老板和客户都满意。

## >>> 如何实现主动安排和听取意见之间的良性循环?

- 哪些事情非常重要，一定要主动安排员工去做，哪些事情可以顺其自然?
- 如何在公司营造一种听命令、听指挥的氛围?
- 为了让大家认可你安排的工作，如何听取周围人的意见和看法?
- 当你虚心地听取别人的意见时，如何向大家展示这是你的优势，而非弱点?
- 如何建立一种既主动安排，又虚心听取意见的工作关系?
- 谁会坦诚地告诉你，是否实现了主动安排和听取意见之间的平衡?

## 思考

- 想一想接下来的几周，自己的哪些工作需要主动安排，哪些工作需要听取大家意见？自己的工作有没有过于偏向哪一方面？
- 有没有一些情况，你需要调整这两方面之间的平衡关系？
- 如何在工作和工作之外，做到两者之间的良性循环？

# 第八章

## 现实主义与乐观主义

在现实主义和乐观主义之间找到平衡，是管理者最具挑战性的任务之一。我们既需要扎根现实，又要看到未来可能的变化。没有现实做基础，我们会陷入充满希望的想象。没有一点儿乐观主义精神，我们会拘泥于现实。现实让我们脚踏实地，乐观让我们积极向上。

纯属幻想的乐观主义是一种幻觉，只看到灰暗面的现实主义会让我们内心混乱和沮丧。这一部分我们强调与时俱进、脚踏实地和基于现实的乐观主义。这一部分主要探究如何接受艰辛的生活现实，相信希望总是有的，黑暗之中总会有一丝光明，要勇于处理生活中的各种矛盾。

# 29 生活是艰辛的

有时我们不得不承认生活是艰辛的，但我们仍然要继续前行。公司破产、机构被收购，做到一半的项目被取消了，或者因为市场发生变化，商业开始萧条。当所有的这些发生时，我们别无选择，只能接受现实。这就是生活。

当残酷的现实来袭，我们必将经历一个痛苦的过程。我们感到愤怒、受到伤害，希望找回自我；我们极度郁闷，想把阻挡我们前行的绊脚石一脚踢开。悲伤、痛苦都是在所难免的，也是必要的。但这些都无法带走伤痛，我们只能带着它们继续前行，并且积极面对。

当有人正在经历生活的挫折，我们劝慰他们，这些都是在所难免的，也许是件好事；或者告诉他，多年以后再回首往事，这可能是一个向上的人生转折点。但是这些安慰的话似乎是老生常谈，也并不起什么作用。当有人正在经历艰难，最有力的支持是站在他身后，认真倾听，不要急于做出任何回应。

遇到生活的磨难是件痛苦的事情。多年的辛苦和努力付之东流。自信心备受打击，并一无所获。你为自己所付出的努力感到懊悔，一切都以失败告终。你感觉浑身乏力，大脑一片混乱，心情非常糟糕。你感觉上帝在无缘无故地捉弄你。接受现实，意味着接受情感、身体、思想和精神上的打击，逐渐习惯，逐步化解，继续前进。

有时我们想努力挽救失败。犯错之后，我们想修正。如果公司已经被收购，我们也无能为力；如果公司已经破产，以你的一己之力也很难改变公司的财务状况。你像是被困在战壕里，四周响起了此起彼伏的爆炸声。你别无选择，只能抑制住任何鲁莽的行为，坐着等待，等着爆炸平息。

时间的确会治愈一切，悲伤也会由最初的震惊、失落和痛苦，慢慢变成接受。当公司倒闭或者被收购，你感觉异常震惊，即使你觉得这是一个多么糟糕的决定，也只能接受并且慢慢消化。你没能得到升职的机会，并为此备受折磨。虽然你感觉伤心难过，但是也会逐渐地接受，觉得可能是时机不成熟，其他人更合适，或者需要向其他方向努力。

乔尔是一家政府机关的财务主管。令人意外的是，政府决定将两个机关合并，乔尔不得不开始着手新机构的筹备工作，并竭尽全力将新机构建好。乔尔喜欢迎接挑战和机会，新的机会和挑战可以拓宽新思路。乔尔意识到，新机构只需要一名财务主管，现在在职的两位财务主管不得不竞争这一岗位。虽然意识到会有竞争，乔尔仍然努力地确保新机构顺利地建成。

遗憾的是，乔尔没有被任命为新机构的财务主管。从思想上，他极力劝说自己接受现实，新任财务主管比自己更胜任这份工作。但从情感上，他认为自己也可以做好。之前的努力付之东流，未来的职业生涯也前途渺茫，身边的同事不断地鼓励他、安慰他。乔尔不得不接受职业发展受到影响的事实，他需要换一种方式来施展自己的才能。在这些最困难的日子里，一直支撑着乔尔的是身边相信他的人，让乔尔渡过难关的是他们的情感支持，而不仅仅是安慰的话语。

### >>> 生活是艰难的，我们必须接受

- 我们每个人都必须面对艰难的生活。
- 回想以前曾经面对的艰难现实，你是如何度过那段岁月的？
- 客观地认清我们都无法避开生活的艰难。
- 乐观地看待艰难的生活。
- 经历生活的低谷，必将是一个痛苦的过程。
- 遇到困难时，给自己一段时间调整。接受自己情感、身体、思想和精神上的各种消极反应，不要期望这些会在一夜之间改变。
- 感受来自他人的情感支持。
- 放空自己，做一些简单的、从中能轻易获得成就感的活动。

- 做一些体育运动，让自己增加力量，让自己精疲力尽。

## 思考

- 你目前正在经历生活的哪种艰难？
- 悲伤会经历几个阶段，你目前处于哪个阶段？
- 你需要为哪些其他的艰难情况做准备？
- 每当遇到生活的挫折时，你一般会选择以何种方式度过？

# 30 希望总是有的

只有心中有梦想的人才能在艰难的生活中生存发展，并最终取得成功。梦想要扎根于现实、自身价值和远大志向。每个人都可以超水平地发挥，无论现实情况如何，只要我们相信可以改变，那么运作混乱的公司也可以恢复，破裂的关系也可以修复。我们可以抛开以往的失败，翻开崭新的一页，这样我们的梦想就有实现的可能。

梦想不是理想化的空想，而是跳出目前预期和思想框架的一种思考。梦想让无论在职场上还是生活中的我们，在追求理想目标，寻求思想创新、互相支持的团队时，更加大胆，充满勇气。

我们可以认为希望和远大抱负只是一些遥远的梦和不切实际的乐观想象，但是这些梦想可能会为我们铺就一条全新的未来之路。当我们植根于自身价值，清晰地了解自己的专长，专注于最能发挥我们自身优势的事情，激发我们自身活力时，我们就可以展现一个超乎想象的、全新的自我。

如果想要生存、发展，并最终实现成功，要考虑两种现实情况，一种是现实的工作环境，另一种是我们所思所想，努力实现两者的平衡。成功并不是平坦大道，总会有一些时候，我们的努力似乎毫无用处，才能不被认可，未来也非常渺茫。能让我们积极进取的是超越当下的环境，预见到未来的关键性变化，甚至是我们头脑中偶尔冒出来的冒险性行为。

坐下来仔细思考自己的梦想并不是在浪费时间。马丁·路德·金的黑人与白人平权的梦想实现了。让我们随意地去编织梦想，让梦想为我们带来希望和远大抱负。当然，梦想也要受到现实的检验。在一张白纸上，我们可以尽情地展开想象，大胆探寻以前没有想到的方法或解决办法。我们会惊讶于自己的创造力。我们要谨慎地思考我们的愿望和理想，因为它们很有可能会实现。

2003 年，我不得不接受离职的残酷现实。我经历了人生中一段非常灰暗的时期。之后，我做过许多尝试，但都以失败告终。后来，我发现自己喜欢教育和教导人。我梦想着找到一份能发挥这项特长的全职工作，这个梦想激励着我，为我树立了一个奋斗目标。从艰难的现实中生出了一丝希望，好运从此接踵而至。之后，我从事了长达 10 年的教育工作，指导过来自 5 个大洲的个人或者团体。残酷的现实变成了美好的理想，梦想还在不断延续。

大学毕业后，芭芭拉进入一家银行工作。最初，她非常喜欢这份工作，但逐渐地，她感到厌烦。她感受不到工作带来的激情和鼓舞，觉得将自己的灵魂售卖给了一个并不认可她的金融机构。她热爱做的事情是教育小孩，培养他们，看着他们成长。她非常喜欢在教堂里为 8 ~ 10 岁的孩子组织各种活动。

芭芭拉的想法遭到了朋友们的质疑。如果不喜欢银行的工作打算怎么办？芭芭拉需要鼓励和引导。她开始尝试成为一名老师，她拜访了几所小学，观察日常教学活动。她感觉信心满满，精力充沛。梦想就这样开始起航了。

芭芭拉向银行提交了辞职申请，感觉到从没有过的自由。她先接受了教师培训。她感到非常开心因为真正地实现了成为一名教师的梦想。四年后，她成为一名小学的副校长。又三年后，她荣升为这所学校的校长。回顾过去，芭芭拉为自己感到欣慰，执着地坚持梦想，并成功地跨入一个全新的行业。她相信自己内心的希望和梦想，努力实现梦想，并享受自己努力奋斗的成果。在发现了第一份职业并不适合自己时，芭芭拉更坚定了成为一名教师的想法。

在最艰难的时刻里，你内心的希望是什么？希望总是会有的——总会有一种力量助力我们前进，后退，再向前，帮我们实现梦想、取得成功。

## >>> 抓住你内心的希望

- 早些年，你的梦想是什么？
- 如果你重新回到21岁，你打算做些什么？
- 什么梦想看似无法实现，却一直鼓舞着你？
- 了解你的人，是如何评价你的特长、天赋和与众不同的素质的？
- 你可以在生活的哪些领域重新开始，实现梦想？
- 你可以向哪些人坦诚地交流自己下一步的行动？他们当中谁会支持和鼓励你？

### 思考

- 你是否有想要坚持的梦想，决定开始付诸行动？
- 需要什么样的空间才能让内心的希望得以实现？比如你希望有地方去散步，或者游泳，或者在海边晒太阳。
- 你的哪些梦想受到了朋友们的支持？
- 如何更深刻地理解“希望总是有的”，头脑中的束缚并非无法突破？

# 31 乌云背后有阳光

无论遇到什么困难或者危机，乌云背后总会有阳光。正如一句名言，“永远不要错失任何一次从危机中学习的机会”。当罗宾·辛德尔·费雪和我编撰《把握未来》（Praesta 出版社，2010 年）一书时，我们观察了来自各行各业的领导。通过观察，我们发现，这些领导普遍采用乐观向上、坚定自信的工作方式，他们通常都务实、谦卑、自信，为员工做出榜样。他们大多能沉着思考、审时度势，能够摆脱实际情况的束缚，从客观角度去看待企业现状。

在访谈过程中，领导们经常会谈到的一点是：接受不断变化的现实。我把这一过程分解成三个阶段：

第一阶段：接受情况在不断变化，放手昨天，这样才能充分把握将来的机会。要意识到过去的已经过去，调整心态接受那些已经失去的，这是拥抱当下现实的第一步。也就是说，我们要从局外人的角度，审视到目前为止的发展现状，清楚该如何应对目前遇到的困难。

第二阶段：清楚目前状况与预期目标之间的差距，客观冷静地分析目前的状况以及未来挑战的难度。挑战包括公司的部分机构处于混乱状态，未来的方向还不明确。面对的现实可能更加严苛，更加以结果为导向。

第三阶段：在实施变革、通往新目标的征程里，你感觉有些兴奋。遇到困难和挫折，你可能感觉气馁或者灰心，但是如果换一个角度来看，新的变革可能蕴含着新的机遇。

经历过艰难时期的经理和领导们，大都相信变化会带来新的机会。他们一直坚信机会总是存在的，这一理想信念对领导们来说至关重要。作为领导，你要关注机遇的到来，在一些情况下，要未雨绸缪，早做准备。资源有限必然会带来诸多困难和问题。只有那些具有敏锐洞察力、能从不同视角看问题、能洞察未来趋势的领导，才能开拓创新并得到更多员工的拥护和支持。

危机和化解危机所需采取的快速反应，经常会引发人们思考现行的方式或方法是否正确。2011年8月的伦敦骚乱之后，为了确保法律程序进行，英国的法庭、法院迅速地将开庭时间安排在晚上。这说明传统的开庭时间是可以改变的，这让我们重新思考，该如何更有效地利用开庭时间。

几十年来，为英国国民医疗保健体制（the National Health Service）可提供的资源，每年都在稳步增加。但近几年，资源越来越紧张。因此，大家面临着日益严峻的问题，即如何更有效地利用资源，应该采取哪些限制性的措施。这些质疑带来了一些实质性的变革，资源被更有效地利用，员工实行了更加灵活的工作时间。

重大改革往往发生在重大灾难之后。第一次世界大战中，浴血奋战的战士们遭受的苦难，带来了英国重大医疗体系的发展。空难让我们进一步理解并完善飞行安全制度。核电站发生的核泄漏事件，促使我们改进核设施，更安全地使用核能。没有人希望灾难发生，但是这些悲剧和灾难的确能推动人们去改变，造福下一代。

2000 年之前，英格兰和威尔士的教育体系一直没有变化。2002 年，英国 A-Level 课程考试结果的标准出现了重大问题。这是一次改革 14 ~ 18 门 A-level 课程的重大契机，改革的呼声非常强烈。然而，在这次事件发生时，当时的政府决定暂不进行重大变革，机会就这样错失了。

上面这个例子说明了，乌云中出现的一次光线可能稍纵即逝，当你发现机会降临时，一定要抓住。一旦错失机会，它可能就永远消失了。

## >>> 寻找乌云背后的阳光

- 始终相信任何情形下，都会有有利的、积极的一方面。
- 任何新形势下，始终都要寻找机会求变。

- 不要相信危机带来的都是负面结果。
- 无论目前的现实有多么艰难，永远相信你能找到新的目标和激情。

## 思考

- 回忆过去曾经渡过的一次危机或者困苦的时光，你是如何走出困境、发现乌云背后的阳光的？
- 目前所经历的危机或者困难会给你带来哪些积极变化？
- 未来前行的道路上，你还能发现哪些藏在乌云背后的阳光？
- 如何防止自己陷入绝望，认为未来没有希望，希望只是一种幻想？

# 32 如何处理显而易见的矛盾

是否可以既保持乐观向上，又扎根于现实？这本身就是空谈，还是自欺欺人？很多时候，我们前行的道路似乎只有一条。但是只要有理想和信念，并一直坚持，你就可以改变。登山队员非常清楚存在多种原因无法登顶，但是持久的耐力、坚持不懈的努力会让他们实现登顶的愿望。一定能登顶的理想信念会让他们做出超乎想象的事。他们一直保有一份希望和乐观，扎根于个人的信念和价值观。

我们本身就是自相矛盾的综合体。我们擅长做一些事情，不擅长做另一些事情。有些人非常善于调动其他人的积极性，而有些人则不善于此。我们是凡人，很难做到心情、态度完全一致。我们的心情、态度和实际行动常常呈现出截然相反的状态，就像坐上过山车，我们的心情有时因为成功而达到喜悦的巅峰，有时又陷入绝望的低谷。

越了解自己，我们就越能接受相互矛盾的自己，并积极地去看待。一天，我们会把灰色看成近乎黑色；而另一天，我们会把灰色看成近乎白色。越理解我们自身相互矛盾的特性，也就越能理解别人和我们所处的环境，同样处处存在着矛盾。

安德鲁在一家建筑咨询公司工作，公司追求业绩增长，大家共同的愿景是建设一个国际化公司。公司领导层对业绩持续增长持乐观态度。然而，事实情况是，市场正在萎缩，公司的市场份额正在下降，整个公司所积累的债务不断攀升，银行收取高额利息。

安德鲁意识到对员工要表明对未来的乐观态度，同时还要求真务实。有一些客户并没有受经济衰退的影响，安德鲁努力地发展与他们的关系。与员工交谈时，安德鲁对未来奋斗目标表示非常乐观，同时，他又要把风险和不确定性如实告知。这两者之间需要达到微妙的平衡。安德鲁对员工坦诚地交流公司未来愿景和目前的实际情况，将内心的担忧隐藏了起来。

基于现实的乐观精神，对任何一个组织的成长和发展都至关重要。教堂里的教徒呈下降趋势，但他们坚信能够为周边社区带来积极影响。如果整个教堂失去了热情，对周围人无法产生积极影响，那么这种下降趋势必将持续。在教徒逐步下降的情况下，教堂应该分析在哪些方面更加努力，确保其对整个社区有持续积极的影响。

再优秀的企业也做不到方方面面都成功，优秀的领导要善于利用企业所面临的、不可避免的困难。公司领导必须务实，对公司的管理要“量体裁衣”。保持对未来的愿景和乐观精神对企业的生存发展至关重要，即便这种乐观主义只是在一定范围内的。

## >>> 如何处理显而易见的矛盾

- 真诚地面对生活中出现的矛盾。
- 回忆过去，你曾经如何成功地解决过生活中的矛盾？
- 哪些人与你面对同样的矛盾，并值得你信赖，与他们交谈？
- 既要保持乐观，又要对目前所掌握的资源有客观认识。
- 要相信矛盾恰恰是我们生活中的一部分。
- 放弃做一些不成熟的事情，或者不要再异想天开，从中获得满足感，证明之前的乐观主义是不明智的。
- 在任何情形下，都要保持基于现实的乐观主义精神。

## 思考

- 你目前遇到哪些矛盾？如何成功地应对它们？
- 生活中的哪些矛盾让你很难应对？应该采取哪些措施对它们加以控制？
- 你需要在哪些方面调整乐观情绪，让期望更加现实？
- 目前你所面对的矛盾中，有哪些是需要理解并协调的？

# 第九章
## 稳定和变革

“稳定和变革”不止一次成为英国政府白皮书的标题。这个词语经常被提及。既保持稳定又有变化听似简单，实则不易。在任何组织中，一个人想要改变的往往是另一个人希望能极力维持的。既希望稳定，同时又希望有变革，往往只能是空喊口号，表面上思想统一，而暗地里分歧很大，或者这种说法只是在安慰一些行动派，而组织并没有发生实质性的变化。

在不同的情况下，保持稳定和发展变革会有非常不同的反响。几乎可以肯定地说，这并非轻而易举之事。这部分从不同角度来分析稳定和变革，也就是：坚持到底；这是一个变化无常的世界；另辟蹊径；成功绝非一蹴而就。这部分内容就像过山车，会出现截然不同的观点和尖锐的分歧。

# 33 坚持到底

歌曲“让我们肩并肩一直走到路的尽头”把我们带到硝烟弥漫的战场，唤起了我们内心的激情。我们脑海中闪现的场景是意志坚定的士兵为胜利而坚持战斗，即使战争已经失利。坚韧的士兵形象让人不禁想到决心、毅力、战友情谊，还有抚平伤痛和克服困难的勇气。

有时候我们的工作环境并非想象得那么顺利。我们面对环境时常常束手无策：学生们调皮捣蛋，几乎无法无天；顾客经常反复无常，出尔反尔，易怒难处；客户争论不休，专横跋扈，不讲道理；老板脾气暴躁，缺乏理性，优柔寡断；员工执行缓慢，粗心大意，缺乏尊重。类似的例子不胜枚举。

我们感觉整个世界似乎都在与我们作对，但现实迫使我们必须严格要求。有些目标必须按期达成：产品必须按时交付，否则将遭受严重的经济处罚；为了维护良好的声誉，产品质量必须符合标准，产品配送必须准时，火车的准点率必须在97% 以上，否则就会受到处罚。

领导或经理有时不得不铁面无私地坚持目标和原则，得过且过是不可取的。从短期来看，坚持到底的决心和意志并不受大家欢迎，但它是绝对必要的，尽管大家会觉得领导有些不近人情。

投标书必须在截止日期之前提交，因此我们别无选择，必须按时完成投标书。领导或者经理可以设定一个最后期限，并强调如果不能按时完成，就会有相应的后果，以此来激励员工按时完成。除此之外，涉及飞机、轮船或重要建筑工程的安全问题，是不允许出一点儿差错的。经理们的职责之一就是：清楚底线在哪里，并坚持底线，尤其是事关员工个人安全的问题。

海兹尔（Hazel）正带领一支建筑施工队建设体育场。竣工日期已经确定，运动赛事也已经安排，工期不可能推迟。海兹尔把这个完工的固定时间点作为推动项目进展的动力，为项目的所有参与者都制定了清晰的职责。每个人身上的职责都是不能推卸的，但宏伟的新体育场的建成和投入使用，对所有人来说都是巨大的鼓舞。当有人提出任务很难完成时，多数人都明显地表示不满，让大家都服从安排的压力非常大。

有时领导者或经理需要结交一些忠诚而讲情谊的员工，在任务非常紧急的情况下，他们可以挺身而出，帮助你化解困难。只要多关心员工，沟通时注意方式和方法，一些紧急或者棘手的任务也可以迎刃而解。

一家志愿者组织专门从事资助海外项目。志愿者组织的领导经常会遭遇质疑、冷漠和冷遇，却毅然坚持推动慈善事业的发展，就如同往山上推一块大石头，困难可想而知。但是当他具有远见和热情去改变的时候，他所需要的正是在怀疑和冷漠中坚持不懈。领导人面临的考验是，对所做的事是否具有足够的支持和信仰，是否能够消除周围的质疑，确保事情取得进展。

## >>> 如何坚持到底?

- 你清楚地知道关键性结果是什么吗?
- 你的决心有多大，如何保持它?
- 是什么帮你将精力集中在结果上?
- 在这个过程中你最需要的情谊是什么?
- 何种情况下，可以向同事提出超出职责范围的要求?
- 能让你敢于提出一些超出职责范围的要求的原因是什么?
- 作为领导人或者经理，怎样才能做到既铁面无私又极力支持?
- 如何与那些同样致力于成功的人保持同步?
- 如何验证你走的路是对的?

### 思考

- 当前从事的哪些活动需要坚定的决心?
- 如何才能坚持决心，直到取得必要的结果?
- 如何与他人建立工作友谊，以帮助坚持必要的决心和工作方向?

## 34 这是一个变化无常的世界

一位政府总主任很遗憾地告诉我，他所有的得力干将现在都已经退休或者升职了。身边没有了那些支持他的人，他感到孤立无援，只能听任政客们的摆布和安排。他认为自己快坚持不下去了。但是，他后来晋升为一名优秀的常务秘书（Permanent Secretary）和部门领导。

一个人在某一职位上工作了很多年，一直没有得到她所期望的升职机会。但是突然有一天，她得到领导赏识并升职了。之后，她的职业生涯非常顺利，连续得到晋升机会。长期的职业发展停滞令人感到意外，但是非常快速的晋升也同样出人意料。造成这两种巨大差异的原因是，在第一种情形下，在某个合适的时间点，恰好出现了某个适合她的职位；而在另一种情形下，她的才华和才能一直被忽视。公司里每个关于晋升的决定都是经过慎重决策的，一定有合理的理由，但对个人而言，这些决定似乎是从天而降的，难以把握。

托尼·布克在二十多岁时，大部分时间都在踢非联赛足球。他随后被曼城发现，并迅速成了一线球队球员，之后被选为球队队长。他的迅速发展出人意料，而且速度惊人。同样的，有许多足球运动员从上学起，就开始参加国际比赛，但是水平一直没有得到提升。职业技能可以通过多种途径得到发展，但机遇和时机起着至关重要的作用，正如决心和毅力。

这是一个变化无常的世界，但这并不意味着你要接受命运的不公平，而意味着遇事要豁达，认识到有一天你会进入发展的上升通道，也会在某一天走进下降通道。当幸运之神降临时，最大限度地提升自己的学习能力，打造得力干将，顺应行业发展潮流，认识到今天的你和昨天的你并无两样。当你不走运的时候，坚持那些对你最重要的东西，认清谁是真正的朋友，坚持一直坚守的价值观，逐渐走出低谷。

有时候，所谓的“稳定”会在不知不觉中悄悄溜走。你必须去改变，继续前进。这种改变可能并不符合你的意愿或者预期。当顾客们开始纷纷购买 CD 时，继续制作黑胶唱片是没有意义的。当年轻人为了唱流行歌曲而非传统颂歌才去教堂，如果希望年轻人多参加教堂活动，你别无选择，只能在演唱曲目里增加一些当下流行的歌曲。当经济危机来袭，世界发生翻天覆地的改变时，抱怨这种变化是没用的。如果你想继续在银行的工作，就必须接受再培训。当一场疾病突然降临，我们开始质疑曾经珍视的一切。当被诊断患有帕金森综合征时，意味着我们要对之前追求的职业理想进行彻底反思。我们不得不对自己的职业发展进行彻底的重新评估。这是以前我们从没想过的。我们别无选择，我们必须改变自己的职业理想和行为。

吉莉安是一个成功的艺术家，许多人千里迢迢地去买她的画。出乎意料的是，突然有一天，她画作的销量开始下降——原来她的画风已经过时，粉丝们已经不再想买了。该坚持画风还是改变画风？吉莉安犹豫不决，她非常不情愿地研究了一些畅销的画作，并开始尝试一种与以往风格不同的抽象艺术画。就像几年前，原本炙手可热的市场突然遇冷一样，她的新画作突然开始热卖。她很欣慰自己适应了这个变化无常的世界。

乔治在一家消防队工作，他升职很快。他有时做事草率鲁莽，几次超速被开了罚单。老板以前认为他是一个精力充沛、生性活泼的年轻人，将来会非常有发展前途，但现在觉得他有点儿浮躁和不负责任。他的好名声很快变成不靠谱。乔治知道自己接下来必须努力重建他的良好声誉。他清楚建立良好的声誉需要一个很长的过程，但失去它很快。

## >>> 应对一个变化无常的世界

- 认识到顺境下要顺其自然，逆境下要等待时机，建立重要的关系。
- 当你被淘汰，其他人被选中时，不要生气，不要消耗情感。你的辉煌时刻也会到来，做好迎接它的准备。

- 认识到有顺境就有逆境。
- 接受潮流和趋势的变幻无常。
- 为突如其来的机遇做好准备，随时伸出双手迎接它。
- 当你感到恼怒或者沮丧的时候，试着去微笑面对，而不是悲伤哭泣。

### 思考

- 以往，你是如何应对一个变幻无常的世界的？
- 在生活里，哪些方面让你感觉像是坐过山车？如何更好地把控这种情况？
- 当变化从四面八方向你涌来时，如何让自己保持平衡？

## 35 另辟蹊径

一些卓越的足球管理者并非优秀的球员。亚历克斯·弗格森从 1986 年开始，管理曼联。他曾经为苏格兰的各种球队效力，成绩喜忧参半。他加入格拉斯哥流浪者队，之后又退出。一些足球运动员成功和失败的经历，使他对比赛有了深刻的认识，帮助他成为优秀的球队管理者。他从不同的角色发挥了自己的足球技能，坚持了对足球的热爱，也同样达到了很好的效果。

格斯·奥多内尔曾担任过六年的英国行政机构负责人。格斯·奥多内尔讲起了他职业发展的转折点。他曾经任经济学讲师，当时的系主任给他提建议，说他很难成为学术界顶级的经济学家。这个忠告引发格斯的思考，他决定另辟蹊径，成为为政府工作的经济学家。在政府机关，他的事业非常成功。尽管一心想成为一名经济学家，但格斯能够务实地转变思路另辟蹊径，选择适合他的职业发展路径。

伯纳德是一位非常敬业的公务员，他做过许多工作，取得了骄人的成绩，最终晋升到总管。之后，当政府的两个部门合并时，伯纳德不是指定的人选，而是被任命为低一级领导。伯纳德没有表现出一点儿失望。他全心全意、精力充沛地投身到全新的领域。退休后，他又选择了一个不熟悉的领域，成为一家健康管理机构的主席。对伯纳德来说，另辟蹊径意味着新的机会和方式，即运用他的聪明才智和幽默感，把众人聚集在一起，集思广益，解决难题。

当河水遇到石头时，水会绕着石头从两侧流过，并且寻找一条新的通道。但当我们在路上发现一个障碍物时，我们时常想尽办法把它推开，却不承想其实绕过障碍物，可能效果更好。我们可以通过观察自然，学到很多东西。仔细观察，我们会发现植物沿着岩石的缝隙生长，或者伸展到向阳的方向去获取阳光。当你观察自然的时候，会发现它呈现出无限的适应性，而人类的本性却常常显得极其缺乏灵活性。

有一些人因职业发展受阻而倍感沮丧。每当我与他们交谈时，都会请他们反思一下其自身具备的职业技能，以及这些技能在其他领域下可使用的情况。我们经常为坚持多年的职业理想感到骄傲，而实际上，此时却正是改变这一理想和改变方向的时候。当我们感到沮丧，无法成为一名首席厨师而沮丧时，实际上，我们可能成为一名优秀的老师。当我们因为无法成为学术科学家而郁郁寡欢时，实际上，我们更适合在工业领域发挥才干。当我们因为无法成为一名工程师而郁郁不得志时，我们本可以很享受地在非洲做发展项目。

现在，当职业不再是一份谋生的工作时，如何利用现有技能和工作热忱，寻求新的发展路径，几乎是每十年都要重新考虑的问题。罗杰是一名专业的离婚案件律师。他个人对这份工作很感兴趣，但每个破碎的家庭也总让他伤感。从事这份工作 20 年后，他开始厌倦，但如何才能激发新的工作热情？毕竟他还有家庭责任，还要养家。经过一番考虑，罗杰决定参加培训成为英国圣公会牧师（Anglican ministry）。他非常清楚，从经济角度考虑，这是一次鲁莽的行为，但他热衷于鼓励人们参与社区活动，增强对信仰的理解，从中帮助人们成长。做律师时，他见过太多毫无希望的破裂婚姻，所以他想尽自己所能，培育家庭中的信仰、希望和爱。他华丽转身，进入了一个全新的职业。六年后，罗杰开始在自己居住的教区任职。他把做律师的自律和严谨带入了新世界，在那里他充满激情，而不是得过且过。他从做律师时关注人们婚姻，转变为帮助人们获得满足感和忠诚。

## >>> 如何找到新的发展路径？

- 试着不要为发展道路上的障碍感到生气。
- 坚持在障碍周围寻找其他发展路径。
- 诚实地对待自己的内心感受，哪些事让你有挫败感，哪些事让你有成就感？

- 从他人的角度审视你的挫折，主动听取他们的看法。
- 把寻求新的发展路径看作勇敢的尝试，而不是失败。
- 承认寻求新的发展路径常常是点燃你热情的最好方式。
- 对进入全新的领域感到兴奋。
- 没必要对自己的选择设限。

## 思考

- 是选择对阻挡道路的石头猛击，还是在它周围寻找其他道路？
- 如果你在实际工作中或职业理想上寻求新的发展道路，可能会发生什么？
- 尝试用不同的方式，发展你特有的天赋，你会有怎样全新的体验？这或许会为你开启全新的可能。

# 36 成功绝非一蹴而就

我曾与一些非常成功的政治家共事，发现他们都强烈地坚持自己的观点，然后再根据其他人的评论修改。看上去像是向前走三步，再向后退两步。但最终，他们还是向前迈出了一大步。有时，敢于大胆地提出想法，意味着那些反对你的人也会放弃事事与你争辩，你最后会取得超出预期的成果。

你可能极力主张变革，相信应该向前迈出关键的三步，当你被迫后退两步时，会感到很失望。但也许主张变革的时机不对。其他人需要时间来适应它，可能在一两年后会更容易接受。有时候，当新的想法容易被大家接受时，事情就会取得进展。

1981 年，我曾经担任马克·卡利斯莱（Mark Carlisle）的首席私人秘书。马克是英国教育和科学部部长。当时，关于让理工专科学院脱离政府管理的呼声很高。 当这个想法被媒体报道时，引发了很大的争议，人们纷纷阻止这个“疯狂的想法”，因为大家普遍认为理工专科学院靠自己的力量办不下去。

这场争论最终的结果是脱离政府管理的想法被撤回，但思想启蒙的种子已经播下，理工专科学院对独立管理的渴望也越来越强烈。这些理工专科学院建立起了国家咨询机构，然后还设立了一个单独的基金委员会。

用了不到10年时间，理工专科学院作为独立的大学运作起来；不到20年时间，一些前身为理工专科学院的大学比一些传统大学发展得还要好。虽然对理工专科学院来说，1981年放弃独立的想法看似是一种倒退，但在接下来的20年，这些机构走向独立发展是势不可当的。当年，管理这些理工专科学院的地方政府需要时间来认识到，他们必须放手，让它们成为独立的组织。

汉娜（Hannah）在一家管理咨询公司工作得非常顺利。她连续接手了几个棘手的项目，但都成功地完成了。有一些业界的资深人士给予汉娜高度评价。得益于这些资深人士的支持，她很早就被升到公司高级职位。但是现在，汉娜遇到了一些挫折：她负责的两个主要项目执行得相当不顺利。她的运气开始变差，她变得紧张、焦虑。汉娜没有了以前那种踏实的感觉，曾经她一度以为那种踏实感会一直陪伴着她。

当汉娜进行反思时，她承认，之前过于依赖个人精力和能力去激励他人。她需要深入思考还有没有其他更巧妙的方法能与一些难以打交道的人共事。她觉得自己需要先后退几步，重新分析以前使用的方法。看似非常花费时间，其实很值得去做。汉娜开始尝试一种更柔和的方法，这种方法不仅仅基于年轻人旺盛的精力，而更多地基于丰富的经验。新的思路和方法让新接手的几个项目进行得非常顺利。汉娜认为，为了再次取得进步，暂时后退一步是正确的。

把生命看作一种舞蹈，它有着既定的动作顺序，包含三步向前、两步后退的舞步。这种理解可以给我们带来轻松，接纳这些就是生活的方式。经验丰富的舞者随着音乐翩翩起舞，在舞池中穿行，从其他舞者身边轻盈地滑过，享受着音乐的美妙和节奏。

如果我们把工作当作跳舞，我们时而跟着节奏起舞，时而停下来，跟着音乐的节奏向前移动，再向后。优秀舞者用他们的舞步取得很好的舞台效果。他们不断地调整舞步，时而向前，时而后退，同时身体保持平衡，不踩到别人。

### >>> 适应三步向前、两步向后的生活工作节奏

- 当你向前迈三步，注意会有什么事情发生。
- 优雅地向后退两步，认识到一定会有所收获。
- 把后退两步看作提供新信息，获得新视角的机会。
- 把生活视作舞蹈，舞步需要不断地前后挪动。
- 如果长时间站立不动，腿会变僵硬。向前迈出一步，你可以获得认识现实的全新视角。

· 为自己生活的每次变化，无论是前进还是后退，都感到开心。

· 需要较长的时间，才能带来长期的变化。

## 思考

· 何种情况下，你极力想向前迈三步？

· 当你目前被别人往后推时，你会做出何种反应？

· 当处理难题时，能否把将来的行动想象成舞蹈？

· 你停滞在哪些本该需要向前迈进的地方？

# 第十章
## 现在和未来

我们生活在现在，但时常被过去束缚，同时对未来忧心忡忡。我们会花很长时间回顾过去，反思我们为什么会走到今天。我们太专注于想象未来可能会发生什么，以至于让现在从我们身边溜走了。理解过去和建设性地思考未来都是很重要的，但如果忽略了现在，我们就不能把握和享受当下。

本部分讨论如何在充分了解过去的基础上，保持现在和将来之间的平衡。这样做的目的是鼓励你将现在和未来联系在一起，了解过去和未来，并充分地活在当下。这一节包括以下内容：未来在向我们招手；扎根于过去；一只脚踩在现在，一只脚踩在未来；让未来告诉现在。

# 37 未来在向我们招手

“人往高处走，水往低处流。”多年来我们一直相信，新的一年总会比以前更富有、更健康、更有见识。在20世纪后半叶和21世纪初期，经济快速发展、健康创新和信息技术的蓬勃发展都给人类带来了许多好处。我们的未来看上去越来越美好。

2008年的银行业危机和随之而来的经济衰退打破了未来总是更加美好的假设。医疗方面的显著发展仍在继续，但经济变化却表明未来似乎更加黯淡。投资和养老金受危机影响遭受重创，婴儿潮一代的黄金岁月似乎不可能在新一代重现。

20岁的年轻人没有工作、就业前景不容乐观，未来是暗淡的。30岁的人拥有一份相对稳定的工作，比如在学校教书，未来看上去还不错，但不会令人非常满意。40岁的人看着自己的养老金在减少，工作也没有保障，他们的未来很不确定。对于60岁的人来说，保持健康的退休状态可能会是新的冒险之旅，他们有大把的时间和资源来享受“黄金岁月”。

当你想到未来时，是兴奋还是沮丧？我们怎样才能既对未来保持务实的态度，又能准备迎接未来的机遇？积极地看待未来，持续投资我们的个人成长，可能意味着我们需要掌握一些现在和将来都有用的技能。我永远感激在 55 岁时完成了行政人员教育方面的研究生课程，并在 62 岁时获得了博士学位。一个六七十岁的人享受学习的过程，并把所学应用于社区的志愿者工作，没有什么比这更令人兴奋的了。

未来可能看起来很灰暗，但我们可以影响和改变它。无论外部压力有哪些——经济、政治还是社会，虽然我们无力改变，但仍然可以做出选择，选择对未来的态度。我们可以从两种截然不同的态度中做出选择：是把未来看作一片充满机会的土地，还是一个即将逐渐衰落的地方。选择不同的态度会影响到我们的未来。

1995 年，我担任一个政府部门的人力资源部主任，该部门与另一个部门合并。我申请成为新部门的人力资源部主任，但没有成功。对于这种结果，我表示欣然接受，认为新任主任一定是该部门的合适人选。我为以前的人力资源部的大约 200 名员工举办了一次聚会，他们都纷纷表示对自己的未来没有安全感。因为当时只有管理层的任命已经确定，其他人的岗位还都待定。

聚会上，我发表了演讲，倡议大家无论发生什么，都要积极展望未来。面对许多对未来感到焦虑不安的人们，我从自己当时的经历谈起，娓娓道来。将近 20 年后，我仍然会收到许多人的积极评价，认为那次演讲就像是一次“觉醒”，帮助了许多前景不确定的人，让他们能够充满希望而不是悲观绝望地面对未来。

我们面临的挑战：要对未来进行认真、务实的思考，同时要选择正确的态度和方法应对变化，并去适应变化所带来的财富或贫困、自由或限制。

## >>> 展望未来

- 对自己未来的财务状况有客观认识。
- 坦诚地面对自己的就业前景。
- 仔细思考应该在哪些方面投资自己的个人发展。
- 认识到在行动和态度方面，你可以有哪些选择。
- 观察其他人如何用发展变化的眼光成功地影响当下的决定。
- 帮助他人以建设性的眼光看待未来，认识到帮助别人分析未来，可能会完善自己的思考方式，为自己带来额外的好处。
- 重新评估你的宗教信仰和对人类努力的信仰，这些信仰是否符合你对未来的看法。

## 思考

- 未来的哪些方面令你兴奋或沮丧？
- 你有什么机会可以影响你自己的未来？
- 对于未来，你想要采取什么态度？

# 38 扎根于过去

当你所爱的人逐渐变老，患上痴呆症时，他们可能忘记现在的事，却能生动地回忆起过去。发生在 60 年前的事仿佛就在昨天。我母亲会愉快地谈论她的童年和父母。翻出旧照片，曾经的快乐和生动的回忆就像开闸的水一样，源源不断地流过，这些是她最珍惜的东西。让母亲时常地回忆过去，是对她尊严的维护，尽管这些回忆是模糊的，甚至可能听起来毫无意义。

我们今天的所作所为，即将成为明天的回忆、明天的故事。享受和重温这些故事并不是浪费时间：常常回忆过去经历过的事情、环境和人，学会珍惜它们，因为是它们成就了我们，让我们成为今天的样子。

我们脑海里装满了过去的故事，许多故事深埋在潜意识里。某个刺激偶尔会让我们想起过去发生的一件重要的事，很久以前这件事就进入了我们的潜意识。有时候，被激起的回忆是快乐的。有时，回忆是痛苦的，让我们对当初的行为追悔莫及。

我们的过去造就了现在的我们。如果我们忽视过去，就可能无法完全理解我们的现在，正是过去的各种经历影响了我们，造就了我们的独特性。但是，扎根于过去，珍惜那些对我们来说最重要的经验和价值观，并不意味着被过去束缚。我们越了解自己的过去，就越能从过去中解放出来，继续前进。

了解你的祖父母所经历的贫困或孩子夭折带给他们的悲伤，可以帮助我们理解父母的一些行为，使我们能够理解父辈们对我们的束缚和苛责态度。

在一个组织内部，大家了解组织的过去非常重要。员工们如果了解以往关键领导人的影响力，了解公司的传统，就可能有决心和勇气来应对艰难时期。但是，如果它过多地受到传统的限制，导致不能灵活地应对全球市场、经济或社会变化，那么过去就会成为障碍，而不能赋予其活力和能动性。

具有宗教性质的组织往往拥有一种传统和信念，无论外界发生什么，这些传统和信念都会正向地激励组织成员。但是，那种深入人心的传统，虽然是优点，也同样会导致冲突。冲突的原因是，一些成员希望顺应社会环境的不断变化，而另一些人则不想。一位教堂教父既想维护婚姻的神圣，又要接受婚前同居是许多情侣的选择。这位善解人意又务实的牧师，欢迎那些已经同居的情侣参加神圣的婚姻仪式，同时教育这些新婚夫妇，希望他们能理解婚姻的意义，尊重神圣的婚姻。

生长好的蔬菜根系发达，能从地下广阔的区域吸收水分。它深深地扎根于肥沃的土壤中，这些土壤的养分来自蔬菜废弃物分解而形成的堆肥，这种蔬菜的生长离不开它的过去。到了收获的季节，蔬菜变成有营养的食物，蔬菜废弃物又开始新一轮的循环。

## >>> 植根于过去意味着什么？

- 理解你的价值观和态度的源头。
- 理解并能够讲述家庭传统故事，清楚家庭传统如何影响你做人做事的态度。
- 因为你是公司的一分子，你需要理解所在公司的传统。
- 欣赏那些品质和对公司的影响一直都在的人。
- 识别过去的态度是如何阻碍组织发展的，阻碍其对新机遇做出灵活的反应。

### 思考

- 想一想工作中，是什么一直激励着你，或者激励你去做想做的事情？
- 过去的什么阻碍了你把握当前的机遇？
- 如何才能更全面地理解你的过去？
- 从过去获取的哪个灵感对你展望未来尤其重要？

# 39 跨越现在和未来

我们可能依稀记得小时候在小溪中从一块岩石跳到另一块岩石上的情景。突然，我们脚下一滑，一只脚踩在岩石上，另一只脚踩在小溪里，我们感到自己很笨，却禁不住开怀大笑！我曾经带领一群人步行通过约克郡的戴尔路。当我大步跨过博尔顿修道院附近的水上石板路时，乱了步伐，停了下来。如果继续向前挪动，一只脚可能会踏进沃夫河里。让我感到有点儿丢人，也让其他人觉得好笑的是，我决定沿原路返回，因为那样会更安全。他们轻声地取笑我没有勇气，但我的确不想一只脚踩在水流湍急的沃夫河中，另一只脚努力地在石板路上站稳。

滑雪者会有这种体验，两只脚突然往相反的方向移动，结果就四仰八叉地躺在雪地里。跑步时，你的两只脚必须协调一致。长跑运动员需要保持一种在长时间内体能消耗最少的体能节奏。如果一只脚开始摇晃，跑步者的节奏会被打乱，开始笨拙地奔跑，会导致臀部疼痛或者膝盖拉伤。跳高运动员的两只脚分工不同，他通常会用同一只脚起跳，但要想成功跃过横杆，两只脚的动作必须保持协调一致。

当远足者沿着圣卡斯伯特的路步行时，会经过一个地点，一只脚可能踏在英格兰，而另一只脚踏在苏格兰。步行者要想到达目的地，他们必须继续向前走。如果你站了很长一段时间，就要注意脚的姿势，注意在大部分时间里，让重量在两脚之间均匀分布。或者两只脚的重心变换，使重量时不时地在两只脚之间变换，肌肉也不总是很紧张。

一只脚踩现在，另一只脚踩未来，给我们带来了稳定，同时具备快速前进的能力。想要采取新方法的人，要清楚他们对现在的理解，也能够接受未来。

超市经理必须确保顾客的当前需求得到满足，并密切关注未来趋势，这样他们才能顺应不断变化的需求。优秀的超市管理员意识到顾客对无麸质食品的需求日益增长，便开始重视并不断正视在这一领域所能提供的产品。他们一只脚迈向未来，就是满足当前客户不断变化的市场需求。

弗兰克经营着一个大农场，他必须确保从当前种植的农作物中获得最高的经济回报，也必须密切关注未来，关注这些农作物的市场价格是上涨或者下跌。把多大面积的农场土地从耕地变成牧场，取决于他对未来市场状况的预估和未来的政府政策。当弗兰克走过农场土地，决定用哪块土地种植收益高的农作物，把哪块土地变成牧场时，就好像他的一只脚踏在了现在，另一只脚踏进了未来。

## >>> 跨越现在和未来

- 你会留出多少时间来研究未来趋势？
- 你在平衡当下需求和未来期望之间有多困难？
- 你如何分配时间和资源，分别做熟悉的事情和尝试新方法？
- 如果你不大胆尝试，会面临哪些风险？
- 如何才能在跨越现在和未来之间达到平衡？

### 思考

- 如何在现在和未来之间平衡你的精力？
- 如果你确定把一只脚更加坚定地踏进未来，你会做什么？
- 如果你要把另一只脚更加坚定地踏在现在，你会做什么？

# 40 让未来影响现在

过去对我们的影响是显而易见的。我们周围的一切几乎都是过去遗留的传统。我们看到的建筑，还有政府机构、司法系统、教堂和慈善机构，这些都是过去历史的延续。我们很容易解释过去和现在之间的关系。

我们也能意识到现在对未来的影响。大型工程只能在未来完工。对子女花费时间悉心教育，只能等到他们成人才能结出硕果。对我们个人的教育和发展、时间精力和资源的投入，最终会成为未来的成就感、满足感和进步。

但是我们很少会想到，未来是如何影响现在的。这看似是理想化的思考，但仔细考虑未来是明智地活好现在的基本前提。一个政府部门需要提前计划，预估未来客户群的人数。计划学校资源的投入需要考虑人口结构的趋势。计划医疗卫生资源投入需要严谨的人口趋势和行为的依据。

书店需要在网站上告知图书库存情况，满足消费者日益增长的网上购书的需求。书店管理者还要思考将来如何继续吸引人们走进书店。解决的办法可能是优化浏览图书的环境，开辟一个可以提供咖啡的会客区，或者是将店址选在其他有特色的场所附近，比如博物馆、艺术馆或者特色小店附近。

戴瑞尔（Deidre）是一个服装设计师。她的个人声誉好坏，取决于设计服装的畅销与否。戴瑞尔必须留意世界服装流行趋势——紧跟最新潮流和趋势对她来说至关重要。同时，戴瑞尔还必须跟上科技进步，这样她才懂得如何有效地制作出复杂的设计。戴瑞尔与自己的客户群一直有交流，以熟悉他们对服装设计反应、标准和预期的细微变化。戴瑞尔知道自己的成功取决于对未来趋势持开放的心态，并且一直保持倾听和学习。当然，也会有一些设计不令人满意，戴瑞尔知道自己要接受失败，就像接受成功一样。关键原则是她有足够多成功的新设计，保持良好的个人声望。

保罗（Paul）是一所大学商学院的主任。他有一位非常称职的副手，负责学院的日常管理，处理学院的日常事务。保罗把自己对学校的首要贡献定位在促进学校的长期发展。他花费大量时间探索新市场，比如招收留学生，与国内外知名企业开发公司领导新项目。保罗很重要的一项工作是长期保持大学的良好声望，有建设性地看待未来，因此他写了一篇非常有影响力的文章，内容是关于依托大学的商务教育发展的未来方向。保罗确保商学院持续期待未来，适应市场，同时确保学生们的需求得到满足，成为商学院的代言人。

## >>> 如何让未来影响现在?

- 花费一定量的时间和精力研究未来的发展趋势。
- 与大家一起畅想美好而可实现的未来，激励大家现在一起努力。
- 允许公司员工帮助设计未来策略，让员工参与未来愿景的设计，而不仅仅是自上而下的管理。
- 运用企业数据和能搜集到的评价，确保对未来的趋势判断尽可能地准确。
- 有些人总能准确地预估未来的趋势，从他们身上学习经验。
- 允许自己对未来展开多种想象，而不是仅限于某一种情形。

### 思考

- 你是否能留出一些时间来预测未来?
- 对未来的理解会如何影响你今天的努力方向?
- 你会跟谁谈起未来的发展趋势，想让哪些人知道未来的发展趋势?

# 第十一章
## 野心勃勃和接受现实

我们中的许多人都认为，我们有机会改变自己的生活。我们中的一些人会说，我们有责任寻求积极的改变，让世界变得更美好。

许多人都有一种强烈的野心，这种野心来自个人价值观和成长经历，或者来自我们周围人的期望。我们大多数人都知道，雄心壮志必须与现实相伴。我们必须平衡自己改变世界的愿望和自己现在的能力。

在这一部分，我们会涉及以下内容：专心致志是好还是坏；接受现实是一种力量而不是软弱；果断知道什么时候你可以做出改变，什么时候不能；以及通过雄心壮志，同时接受现实可以不断取得的进步。

# 41 一心一意：是好事还是坏事？

我的小儿子一心想要成为终极飞盘的冠军。他 17 岁时就代表萨里大学参赛，那时他还是个高中生。他曾经分别担任英国青少年终极飞盘队和布里斯托尔大学校队的队长，还代表英国参加世界锦标赛。他一心一意地追求他的理想。然而，到了 24 岁的时候，他开始意识到生活的其他方面会挤占他参加国际比赛的时间。他开始意识到自己的雄心壮志是会受到限制的。

一位新任命的牧师可能一心一意地致力于教区的工作，但如果他将全部的努力和精力都投入工作中，他可能会变得过于专注。这位新牧师为了保持长期良好的工作状态，必须保证定期休息几天，有足够多的时间陪伴家人。为了健康，他还需要进行体育锻炼，也需要在工作之余多交几个朋友，还要培养一些兴趣爱好。

“只工作不玩耍，聪明的孩子也变傻”，在任何领域都是如此。野心太大，个人的生活就会被迫减少。他们对非工作关系的人来说不再有价值，他们的家庭生活可能会变得紧张和乏味。

专心致志的能力是一股巨大的力量。威廉·威尔伯福斯（William Wilberforce）一心一意地想要废除奴隶交易。用他自己的话说，他专注于追求改革，是“勤于生活的事业”。在大多数医疗、教育和社会变革的背后，都有一群致力于实现巨大变革的拥护者。许多科学家致力于寻求突破，将医疗卫生改革推进到了前所未有的高度。因为医疗健康科学家有不屈不挠的精神和坚定的理想信念去解决医疗难题，我们的生活得到了极大的改善。

作为客户，我们希望商店、车库、铁路、公共交通和保险公司专注于为我们提供最好的服务。我们永远不会满足，要求越来越多。作为消费者，我们做出决策的方式正在促进企业要求员工专注于提升产品和服务的质量。我们不想接受低质量的服务：如果感觉不满意，我们将去光顾其他能提供优质服务的地方。

客户的决策迫使服务商专注地、持续地提供高质量的服务，这是一种积极影响。但服务商很可能利用这种压力，以尽可能低的价格从他们的供应商那里榨取最后一点价值。作为个人，有时我们可能会选择接受质量略低的服务，因为我们愿意选择本地供应商，或者那些为少年罪犯提供改过自新的工作机会的企业。有时，我们帮助社区或本地居民的愿望可能意味着有意识地接受较低质量的服务。

亨利专心致志地在财务部门工作，努力做出质量最好的管理账户。但他的专注会招致其他员工的不理解。公司里有些人不愿与他分享信息，因此任务变得越来越困难。他仍然需要关注最终结果，但要修改工作方法，确保专注于最优的管理账户，同时也要专注于赢得人们的支持。

## >>> 什么时候专心致志是合适的？

- 任务和时间表是否一致？
- 你正在做的事情的目的是否得到了有效传达？
- 你如何说服怀疑者相信你正在做的事情的重要性？
- 在特定情况下，你如何最大程度地测试自己的一心一意是否正确？
- 谁会反馈你的方法是否有效？
- 你如何确保自己在工作中的专心致志不会影响到你日常生活中的发散思维？

### 思考

- 当你一心一意做事的时候，你如何确保自己不会变得太狭隘？
- 当你的一心一意会在生活的其他领域产生反效果时，你如何察觉？
- 出现哪些情况时你需要专心致志？

# 42 接受现实是强大而非软弱的标志

接受现实通常被视为软弱，但它也可能是强大的标志。承认我们身体上的局限意味着我们开始调整自己的节奏，更多地集中精力。承认我们的智力局限意味着我们不再试图赢得每一场争论，而是把精力集中在最重要的事情上。

接受现实包括自我意识。自我认知是一个重要的起点：我们需要了解自己的能力、偏好、限制和特质。如果我们很了解自己，就不太可能使自己置身于失望的情况下。

当我们了解如何更好地工作时，我们才有可能接受与其他有互补技能和经验的人一起工作。

任何一个团队想要很好地完成工作，就必须了解每个成员的优点和缺点。希望团队每个成员都完美的老板一定会失望。优秀的老板了解员工，欣赏他们的长处，还知道他们的短板。老板会想方设法激起员工的斗志和志向，但要接受并欣赏员工本身的短板。

经理必须考虑老板的指导，他别无选择，因为老板有权力也有责任。为老板工作的人无法忽视这种权威，他们必须接受。接受并不意味着盲从。但是，接受老板的权威仍然意味着个人可以影响或者说服老板——对老板的权威视而不见是没有意义的。

进退两难的问题：你接受什么，试图改变什么？有时，时机不合适，必须接受现状。

在其他情况下，彻底的变革并且坚持不懈和坚定地专注是正确的。

瑞曾在一家咨询公司工作，负责运营重大的 IT 项目。他认为，成功源于合同式的安排，包括明确分担风险，但他现在的老板不喜欢这种方式。他决定等待时机，继续完善自己的想法和方法，与不同的专家一起测试，准备好迎接合适的时机。当该企业的做法产生的效果开始不理想时，他可以尽可能地帮助提出修改建议。

在一次公司总结会议上，瑞判断这是提出另一种方法的正确时机。与会者听从了他的想法。他提出与其他两三个人合作实现进一步发展的思路。他建立了一个四人小组。在四人小组的帮助下，形成了新的工作机制。该企业很快就采用了这种新的工作机制。回想起来，他认为时机很正确，他需要接受现实，考虑老板的观点，谨慎地选择时机。他的成功来自等待，而非自以为是。

年龄会影响我们的体能和智力，调整自己的步调变得至关重要。年龄迫使我们更有选择性地使用我们的时间和精力。这是成熟的标志。

### >>> 在如下情况下，接受现实可以是强大而非软弱的标志：

- 其他人有合法的权利和责任。
- 你的盟友很少，你会失去投票。
- 时机尚未成熟。
- 表达你的担忧可能会适得其反，因为这将使其他人能够坚定其已有的立场。
- 你最好把精力集中在其他事情上。
- 收益不超过投资成本。
- 接受应与保持你的正直和对你最重要的价值观相一致。

### 思考

- 在过去，接受现实是优势还是劣势？
- 什么时候持续一段时间的接受现实使你能够构建自己的方案，以便日后进行更改？
- 什么时候接受现实意味着你能够以有效的方式使用你的能量和注意力？
- 你正在接受但其实不应该接受的是什么？
- 你为了等待一个新时机而现在接受的事情是什么？
- 在什么情势中你可能想说“我将不再接受这种情况”？

# 43 知道什么时候能做出改变

1991 年，我成为英国政府英格兰东北部地区主管后不久，梅多维尔和西纽卡斯尔发生了骚乱。该地区是英国相对传统的地区，对法律和权威都非常尊重，这些暴乱的发生令人感到震惊。暴徒集中破坏自己居住的社区，那里有许多破碎的家庭，失业率居高不下，对警察和当局缺乏信任。

因此，政治家、公务员、商界领袖和志愿部门都下定决心，试图做出改变。他们对住房和新增就业进行了投资，重新制定了警务政策，为社区领袖提供了实际支持，改善了物质环境。教育水平有所提高。社区居民与警方的关系更安全、更信任了。然而，破碎的家庭依然具有破坏性，帮派攻击性仍然潜藏，汽车犯罪和毒品依然是问题。

这种通过“城市挑战”和其他方式的共同努力是成功还是失败？由于各界人士决心做出改变，有了很多积极的变化。但该行动只取得了部分成功，因为一些家庭和个人仍然顽固地抵制。从这一点以及其他许多类似的举措中得到的教训是，社区中的人们只有在想要改变时才会改变。来自外部的人“做好事”的意图可能只能起到催化和推动的作用，个人和社区必须有解决问题的愿望，这样才能成功地发生变化并持续下去。

当一支橄榄球队有一名中后卫防御能力极强时，对手集中精力攻击这名球员不太可能成功。技术娴熟的对手会将进攻集中在球场的另一边。优秀的体育教练会仔细观察对手的优势，并指导球员集中攻击对方的弱点，试图改变赛场上的局面，而不是攻击对手的优势。

在大公司里，一个有手腕的决策者会了解企业中关键人物的优缺点。他们会知道需要谁的支持，才能在意见有分歧时说服大家。他们会知道哪些人固执己见，很难说服。关键性的判断：跟谁打交道时，你应该用温和的方式；而跟谁打交道时，你应该“针锋相对”？以及对哪些人，你可以旁观或者忽略？这看起来像是一种人为操纵，但这就是现实版的政治和大企业。

调整方法以满足某一情况的要求和一些关键人物的需求是一项必要的技能。与许多政府部长合作超过 32 年的经验告诉我，对待每位部长的方式都不尽相同。我对待其中很多人的方法都是对的，但对有些人的方法大错特错。有些部长，我很难与他建立良好的关系，所以也不必强求；而有些部长，看似最初摇摇欲坠的关系，最后变成了牢固的纽带。

有时我们决心在处理问题的方式上做出改变。在处理方式上，我们寻求成为更自信、经验更丰富、适应能力更强的人，但我们就是我们，改变不了自身的基本性格。无论我们如何调整和发展自己的方法，我们总会有个人偏好。一个好的自我认知水平，包括理解什么时候可以调整方法和反应；当大尺度地改变方法不现实的时候，我们只需接受原本的自己。

### >>> 知道什么时候能有所作为，什么时候不能

- 从过去的情况中，哪些依据可以帮助你决定什么时候可以有所作为？
- 根据你的直觉，什么是可能的，什么是不可能的？
- 你愿意投入多少精力和时间来改变这种情况？
- 如果你未能做出改变，你会作何反应？
- 将影响方法和说服方法混合起来，你愿意接受多大范围的混合？
- 在什么情况下能适可而止？

## 思考

- 在过去的情况中你能够在某些领域而非其他领域做出改变，从中你学到了什么？
- 你对自己有什么了解，你使用了哪些可以改变或拒绝改变的情况类型？
- 展望未来，你能反思一下自己希望有所作为的复杂情况吗？当你接受自己不太可能完全成功的事实的时候，你将如何决定你的方法？

# 44 有雄心壮志，又立足现实，不断取得进步

“雄心壮志”有时也被称为“有野心”，这个词经常被媒体认为是贬义词。它意味着以自我为中心和不近人情的专注。野心可能会对个人价值观和家庭生活造成破坏，但如果没有野心，世界将会处于一种令人遗憾的状态。个人的雄心壮志带来了教育、医疗保健、生活质量和我们享受的服务的重大改善。我们希望慈善机构的首席执行官能够雄心勃勃地筹集资金，突破现状。我们希望大学的校长有雄心壮志，建立最好的高校，为学生提供良好的学习环境。

野心对很多人来说很重要。不断学习的雄心使我们的头脑保持活跃。反思一下我们的野心从何而来，以及我们如何处理它，这可能对我们有启发。我的父亲在我七岁时去世了，我是单亲家庭中的独子，我想我的雄心来源于此。我妈妈期望我在学校取得好成绩。作为一名基督徒，我有一种强烈的雄心壮志，要在工作和社区环境中做出良好的改变。有时候，我不

得不重新思考我的雄心。有两次面试大学副校长职位均未成功，此后我不得不认识到这条路行不通，因为我没有必需的学术背景。

进步来自雄心壮志与立足现实，两者缺一不可。温斯顿·丘吉尔（Winston Churchill）曾经做过不同部门的首相，经历过不同程度的失败，但这并没有削弱他领导英国反对法西斯主义的决心。作为一名“二战”时期首相，他从过去并不十分成功的经验中，获取了经验和雄心壮志的力量。

我们别无选择，只能接受自己的性格、父母、文化背景和个人经历。我们可能对自己以往的经历感到非常艰难甚至是怨恨，但这只能使我们纠结，耗尽我们的精力和决心。接受自己以及我们的出身，而不是与之抗争，可以为我们提供良好的心态，使我们雄心勃勃，并根据我们的优势和特点有所建树。我们的先天就像是手里的一套扑克牌，我们来决定如何出牌。因为拿到了一手烂牌，而感到愤愤不平，只能是浪费精力。

朱迪思是一所综合学校的系主任，她非常喜欢这份工作。她的志向是成为校长，她对这类工作有一种强烈的使命感。朱迪思觉得她采用的方法和观点是正确的，同事们都非常信任她。朱迪思开始积累专业知识，以胜任高级职位。她参加了所有必要的培训课程，并轻松地晋升为副主任。

但她真的想成为校长吗？她对承担最终的责任犹豫不决。她想一天 24 小时随时待命，准备应对突发事件吗？如果学生的考试成绩不好，她能接受公众的批评吗？她知道如何应对重要的检查吗？朱迪思知道，如果做了校长，她将不得不接受一定程度的压力，影响她的个人生活，这超出了她的个人意愿。

朱迪思几次申请校长职位都失败了，她接受了自己暂时不是最佳候选人的事实。对朱迪思来说，接受现实就是要有耐心，找到一份与自身素质相匹配的职位。当朱迪思最终被任命为校长时，她认识到自己职业理想的重要性，也认识到接受自己优缺点的重要性。

## >>> 有雄心壮志，又立足现实，不断取得进步

- 你是否完全了解自己野心的来源？
- 你是愿意把雄心壮志视为一件好事，还是对此保持怀疑？
- 如何用积极和建设性的方式来发挥你的理想抱负？
- 你能在多大程度上接受自己的局限？
- 如果大家不接受你提出的建设性的决定，该如何接受大家的决定？
- 你多久会感觉到一次认识到一些门已经对你关闭，从而取得进步？
- 当你回顾过去一年发生在你身上的事情时，你如何轻松地调和雄心壮志和立足现实？

## 思考

- 想想你的雄心：你下一步计划怎么做？
- 想想你正在抵触但需要接受的事情。
- 你如何良好地平衡自己的雄心壮志和立足现实？

# 第十二章
## 严肃与愉悦

毕业典礼可以既庄严又欢快。一个人走完他的一生，为纪念他而召开的追悼会也可以是庄严而欢快的。但是，在灾难和危机面前，没有快乐而言。但也有一些情况只有纯粹的快乐，没有任何严肃的事能破坏我们愉悦的心情。

生命就是在严肃与愉悦之间来回摇摆的。在一天里，我们可能会先经历目标达成的振奋和快乐，然后又收到一个令我们感到严肃的坏消息。成功和幸福生活的秘密之一就是平衡严肃和愉悦的能力，并且知道该如何渡过困境，以愉悦和轻松的心态来理解眼前的危急。

本部分主要谈论如何拥有有目的的生活、拥有更广阔的视野、对自己微笑和我到底适合做什么。

# 45 有目的地生活

有时像云一样漫无目的地飘荡是一种乐趣。有时我们想随风而行，被周围的气流舒展成不同的姿态，受到来自不同方向风的推动，可以使人精神振奋。

忙碌期过后的休养是放松，让我们的思想去它们想去的地方。闭上眼睛躺在阳光下，可能是我们清空思想、随意想象且被新鲜空气和阳光重新唤醒的时候。

如果我们整天随风飘荡或被太阳烤着，我们要么消失在遗忘中，要么被烤成灰烬。休息一会儿后，我们想起来继续生活。有事情要做，有决定要做，有些关系需要培养，有些计划需要制订，有些对话需要进行。

我们可以，也应该停下来站一会儿。当我们站立和凝视时，我们获得的空间给了我们新的视角，让无意识处理思想和感觉，并总结出最重要的事情。当处理完成后，我们可以更清楚地感觉到接下来应该做什么。有时是关于步骤的初步想法，有时是有了新的明确的方向。

有目标的生活很少只涉及一个主要任务。有目标的生活是为了平衡不同的想法：成为一名好员工，成为一个称职的经理，成为一个给予支持的父母，成为一个体贴的伴侣，以及成为一个负责任的社区成员。我们可能生活在各种不同的、亟待我们解决问题的环境中，我们的健康、幸福取决于这些事项解决的优先顺序以及它们之间的相对平衡。在某些时候，我们的首要任务可能是家庭；在其他情况下，可能是社区或工作。决定事项解决的优先顺序需要敏捷的头脑，并不断重新评估事项的轻重缓急。

但是，在这些亟待我们解决的事项中，有一个主要目标，或者说目的，为我们的行动提供主驱动力。主要目标可能来自宗教信仰、个人哲学、文化背景或家庭价值观。对许多人来说，最重要的目标反映了以上所有。明确我们的目标并不是要去努力实现别人期望的理想。我们的目标植根于对于我们来说最重要的东西，以及我们想在哪里做出改变。

当我们思考自己设定的目标时，我们可能会把自己的天赋、对周围人需求的敏感度、对摆在我们面前的机会的认知，以及对个人哲学或信仰的核心汇聚在一起。

贝丽尔（Beryl）在银行工作。她觉得自己无足轻重，被边缘化。似乎没有人认真对待她。她感觉自己无法改变周围人对她的态度，也无法做出杰出的贡献。她感到沮丧。她在寻找一种新的目标，以获得成就感。

贝丽尔喜欢晚上带领女童子军的工作。她喜欢鼓励孩子们学习和成长。她觉得自己在工作中没有目标，对童子军的工作却很有动力。贝丽尔决定接受教师培训，这是一个大胆的决策，因为收入会减少。但贝丽尔有强烈的使命感，她可以成为一名优秀的教师。培训的过程很艰苦，第一年她经历了各种酸甜苦辣，但到了第三年，贝丽尔开始热爱教学。她找到了自己的目标。作为一名教师，她所做的一切都有一种说不出的快乐。

## >>> 有目的的生活

- 哪些生活目的会继承你的家庭传统和价值观？
- 什么样的目的激发你的想象力？
- 在生活中的哪些方面，让你获得最大的成就感和个人贡献？
- 你走了哪些弯路，让你感觉到一些目的并不是你真正想实现的？
- 你想留下什么样的传统，来反映你想要发展的目标感？
- 你内心深处有什么目标感？
- 什么样的目标感看似陈旧，却值得努力实现？
- 你能与谁分享自己内心成长的目标或个人的想法？

## 思考

- 什么样的未来目标最能让你兴奋？
- 你如何进一步探索这些想法？
- 将当前对你重要的目标以更审慎的意图向前推进会产生什么影响？

# 46 拥有更广阔的视野

2012 年 1 月，皇家学院主办了艺术家大卫·霍克尼的一场名为“更大的风景”的展览。近年来，大卫·霍克尼在相互连接的帆布上画了大量的风景，使观众深入风景中。这次展览包括一组引人注目的四幅巨大的油画，题为“2007 年冬季 Thixendale 附近的三棵树”，描绘了冬季、春季、夏季和秋季。这幅作品不仅面积巨大，而且以广阔的景观为背景，用色彩、艺术魅力、清晰的线条等表现出季节的变化。

大卫·霍克尼的油画用最直接的视角展现出色彩和活力。在我的家里，墙上挂着大卫·霍克尼画的一幅大麦田的版画，其明亮的色彩给我带来了光明。当你看着他的油画时，你会被眼前的简单和激动吸引。大卫·霍克尼画了一幅更大的画作，把你带入一个充满色彩和活力的场景。

要想保持平衡，就必须同时站在舞池和阳台上，这样可以在微观层面上知道可能需要做什么；但同时，它也是一种愿望和能力，可以让我们后退一步观察，并看到更远更广阔的风景。

拥有更广阔的视野，就是要敏锐地捕捉到不止一个层面上发生的事情。拥有更广阔的视野，让我们能看到情绪的动态变化以及争论的相互作用。拥有更广阔的视野，能让人感觉到，从最终目的而不是短期收益来看，对人们来说真正重要的是什么。更广阔的视野，赞赏短期优先事项与长期成果之间的联系。拥有更广阔的视野，是关于实现有可能实现的梦想。它让我们超越正常的期望，去创造一个不仅仅是复制过去的未来。

想要拥有更广阔的视野，我们需要脚踏实地，一步一步地去到达目的地。当你穿过苏格兰山脚下的山丘，抬头看到的山峰会作为攀登的目的地激励着你。然后是一步一步地向前，翻越一个山脊，再翻越另一个山脊，一段路程结束，接下来又开始新的阶段。

为了拥有更广阔的视野，我们在脑海中想着：我们想要到达的目的地，帮助或阻碍我们前进的条件，帮助或阻碍我们的同事，以及在合理时间内到达目的地所需要经过的里程碑。

约翰是一家中型公司的会计师，他的工作非常有成就。他因为工作而受到赞赏，但他知道自己必须着眼于全局。他需要考虑一下是想留在会计界，还是想进入管理层？是想留在一家小公司当专家，还是想换一家有更多机会的大公司？他需要考虑他的公司是否会有好的前景，或者目前的经济状况是否意味着他会换一家公司。

约翰认识到，虽然同事们欣赏他为公司所做的贡献，但这并不意味着他的未来是有保障的。他需要为自己做全局性考虑，并对自己的决定负责。他必须权衡公司和职业未来可能的发展，以及他的个人发展。

约翰决定花些时间和朋友、一两个值得信赖的同事和一位教练深入交谈。他仔细考虑对他来说什么最重要，大局中哪些要素是确定的，哪些要素是不断发展的。约翰决定换到一个更大的公司去，这更加有利于他的专业发展。其他人在类似情况下可能做出不同的决策，但约翰知道，他的全局观帮助自己解决了重要而实际的问题。

## >>> 拥有更广阔的视野

- 向后或左右两侧移动，从不同的角度观察当前的情况。
- 问问自己，什么是更宽广的视野？写下你的答案。
- 试着以你目前的角色规划自己的未来，以发现潜在的机会和陷阱。
- 参观美术馆，看看学习绘画是否能帮助你以不同的方式勾勒出当前的情况。
- 进入一个高视角，看看前方的远景。看看不同的组成部分是如何融入整体景观的，并将其作为你自己情况的类比。

## 思考

- 你能把正在处理的一些问题看作全局的一部分吗？
- 把这些问题想象成一块大画布的一小部分，想象一下它们在画布上的位置是亮还是暗？
- 反思一下你需要做些什么才能进入一个更明亮的空间？

# 47 对自己微笑

当你照镜子时会发生什么？你看到的是一个聪明而慷慨的人，还是一个看起来疲倦不堪、已经不像你本人的人了？遗憾的是，镜子不会说谎。不管我们喜欢与否，我们就是镜子捕捉到的样子。

令人惊讶的是，如果你对着镜子微笑，镜子里的你也会对你微笑；如果你皱眉，镜子里的你也会对你皱眉。镜子有一种非凡的能力，可以向我们展示向他人呈现的行为举止或风范。

我们的世界到处都是镜子，比我们想象得要多。当我们对其他人微笑时，他们自然的反应就是微笑。当我们对别人皱眉时，他们的本能反应是对我们也皱皱眉。如果我们感到光明和快乐，或者情绪低落和腹背受敌，周围的人也会有类似的反应。

在我的公务员职业生涯中，我见过许多非常认真的个人和团体，试图说服国务卿，让他对所倡导的事情印象深刻。那种强烈的意愿就像一个强大的冲击波。对付这种高强度冲击波的唯一办法就是竖起一堵又厚又结实又高的墙。结果是巨大的冲击波撞到墙上，又反弹回来，几乎没有任何进展。

那些对历任国务卿有很大影响的人，是把自己的论点讲得清楚、讲述方式又很轻松的人。他们渴望与国务卿建立一种融洽的关系和共同的理解。他们用热情和理解来展现论点，并没有削弱论点的重要性。当他们给房间里带来轻松和幽默时，他们更有可能被倾听。由于讲述者带着真正的兴趣和关切，所以国务卿更有可能解除戒备，坦诚地倾听。

对自己微笑就是要认识到自己的缺点和优点。在任何情况下都能看到有趣的一面，并认识到你不可能一直都正确。一些错误不应该被视为一个充满厄运的失败，而应该被视为一个值得学习的过程，甚至可能是一个笑话。

当我们对自己微笑时，我们更有可能在将来调整自己的行为。如果我们对待自己过于认真，我们会经常跟自己生气，打击自己，甚至是陷入一种反复的自我怀疑。

微笑很有感染力。如果我们能乐观地面对自己的嗜好，在任何情况下都能认识到其荒谬，那么其他人就更容易放松下来，并准备从自己的经验中总结。

珍妮个子很小，说话轻声细语。她的大多数同事都是身材高大的男士，需要低下头看她。珍妮特别坚强，也喜欢被人认为很坚强。对她说话时，这些男士对自己锐利的语气感到不自在。他们不愿意主动见她，不愿意和她分享他们的担忧，也不愿意征求她的意见。

珍妮认识到她需要改变自己的方法。她开始经常微笑。她拿自己娇小的身材开玩笑。她对同事们的所作所为赞不绝口。珍妮开始想办法让同事们开怀大笑。但他们知道，在这个看似轻松的外表下，还有一只戴着天鹅绒手套的铁腕，但他们也开始松了口气，不再担心和珍妮一起讨论问题了。珍妮向大家展示自己的微笑改变了她与同事的关系，现在他们更多地把她看作盟友而不是威胁。

### >>> 如何做到对自己微笑?

- 寻找那些可笑的事情，笑着和大家分享。
- 分享你错过要点的故事。
- 让内心的笑声出现。
- 即使其他人都在皱眉头，你也要保持微笑。
- 当某人的眼睛闪烁时，识别并承认它。
- 拜访一些能让你精神振奋的人。
- 谈论工作环境中让你发笑的事情。
- 当你想弄得很严肃时，不要这样做。

## 思考

- 你能想象在接下来的几天里自己会遇到什么样的工作情况吗？在哪种情况下，你可以让别人微笑？
- 你能看到荒谬的东西并建立一种共同的幽默感吗？
- 你什么时候可以嘲笑自己？

# 48 哪里适合我？

我是圆孔里的圆钉子，还是圆孔里的方钉子？我是不是太适合现在的职位了，即使无所作为也感到高兴？还是我不适合现在的职位了，感觉不自在，不受欢迎，被忽视？也许理想状态是非常适合，感到被人信任、欣赏和倾听，但可能现实是你并不适合，感到不积极、自鸣得意和失去创造力。

人类需要被接受和适合。我们希望自己的工作关系和谐且具有建设性。我们希望能为组织做出重大贡献。因此，一些富有创造性的对话和深思熟虑的论据是我们成功和幸福的核心。

我们想创造一个集思广益、不断激发新想法的环境。我们不希望产生纠纷削弱我们的关系。大家需要有活力和创造性，营造一种共同努力的氛围，里面有我和我的贡献。我想成为一个能不断发展变化的团队一员。我适合这支团队，因为我参与了它的发展变化。

我是一块拼图，当与其他部分拼在一起时，会创造出更大的画面和更清晰的图景。我不介意我的形状，只要能与其他人融为一体，共同创造一幅更大的画面，吸引人，发人思考和行动，并给人们带来微笑。很好地适应环境始于认识到你的长处、兴趣和贡献。那就是倾听别人的声音，倾听他们来自哪里，倾听他们的问题是什么。它将你的贡献融入更大的图景中。它将你的话放入在更广泛的对话中。它认识到并接受组织内部的情感动力。这又回到了中心目标：你为什么在那里，你想做出什么贡献，你想看到什么样的结果。

有时你可能会感觉到没有融入环境，现在是时候做出改变了。期望值可能已经改变，技能基础可能会不同，市场已经发展。如果你没有像以前那样投入，可能会感到失望甚至怨恨。但生活和组织是动态的，你可能不会像组织那样迅速地改变。曾经有一个平滑的连接，现在可以有一个粗糙的边缘。当我们觉得是时候对自己坦诚了，才能认识到不断变化的现实并愿意继续前进，才对新事物有一种期待，而不是对过去事物的抱怨。

提出疑问："我在哪里工作？"可以带我们进入新的领域和新的想法。你需要换到组织的另一个部门还是新的组织？以一种完全不同的方式看待工作和你的余生会有帮助吗？是否还有其他类型的希望和抱负值得追求？也许现有的拼图已经有点儿陈旧和重复了，你需要看看是否还有另一个适合你的拼图。

很少会有完美的结局。如果结局是完美的，就没有回旋的余地，你会被卡住。也许你需要一点儿空间来尝试和实验。也许你的图形在不断地变化，因此，与几年前相比，你最适合的地方可能已经改变了。

你能更享受生活和工作的活力吗？随着技术、市场、态度和客户期望的变化，你能接受这些变化，而不是过于谨慎吗？你可能不确定自己将来会如何适应变化中的拼图，但如果你的心态是想不断学习、倾听和观察，那么你会适应变化并享受未来的变化，而不是被它们抑制。

## >>> 哪里适合我？

- 我的拼图的形状变了吗？
- 将来我想加入哪种拼图？
- 我的拼图块的粗糙边缘是否对我有帮助或引起不适？
- 我希望我的拼图将来如何改变它的形状？
- 我希望同时加入多少个拼图？
- 我准备好如何庆祝完成了整个拼图，而不仅仅是完成了我适合的部分？

## 思考

- 你能看到你在哪里适合、在哪里不适合吗？
- 这对你来说有多重要？
- 如何良好地配合工作，以确保取得的进展？
- 当配合不太好时，粗糙的边缘或间隙如何为确定创新的前进方向提供空间？

# 致 谢

ACKNOWLEDGEMENTS

在过去的9年里，我一直有幸与许多个人和团体工作，共同探讨和研究平衡问题。与他们交谈的过程，是一次次的发现之旅。大家各抒己见，毫无保留地表达了自己的价值观、信念和希望。通过大量的对话，我收获颇丰，加深了对平衡的理解。我把这些理解编辑整理，写成这本书，希望能对读者有所裨益。

首先，我非常感激杰里米·奥茨。我曾多次与他展开有见地的谈话，探讨本书的主题。我非常感激杰里米能为本书撰写序言。

杰基·图克是一名非常出色的速记打字员，把我的话变成了漂亮的文章。海伦·伯滕肖帮助我把分散的手稿按照章节整理成书。

其次，我非常感谢保罗·盖瑞和希拉里·道格拉斯，他们是我在普瑞斯塔（Praesta Parners）管理咨询有限公司的同事，帮助我把保持平衡集中在实际可操作性的层面上。

最后，我真诚地感谢我的妻子弗朗西斯，是她耐心地陪伴我撰写此书。她充满智慧的话语，帮助我在生活中找到平衡。

我要把这本书献给安娜、欧文和霍莉，他们都是我珍爱的家庭成员，他们分别是我的三个孩子格雷厄姆、鲁斯和柯林的丈夫、妻子。

## 彼得·肖曾经出版的书籍


◆《被视作领袖的耶稣》 剑桥：Grove 出版社，2004。

◆《论谈话的重要性：如何更有效地与人交谈》 伦敦：Continuum 出版社，2005。

◆《发现你的未来：第二次选择》 伦敦：Darton，Longman and Todd 出版社，2006。

◆《领导力的四个 V：远见、价值、附加值和活力》 奇切斯特：开普斯通出版社，2006。

◆《商业指导：通过有效参与获得实际结果》 奇切斯特：开普斯通教育出版社，2007（与罗宾·李尼克尔合著）。

◆《做出不同的决定：如何果断地做事》 奇切斯特：开普斯通出版社，2008。

◆《乘风破浪：如何在动荡时期仍然前行》 伦敦：Praesta 出版社，2008（与简·史蒂芬合著）。

◆《明智决策：从基督教角度看如何像领导一样做决策》 温哥华：加拿大维真学院出版社，2009。

◆《提高参赛水平：如何在职场获胜》 奇切斯特：开普斯通教育出版社，2009。

◆《决定性时刻：在商业组织中前行》 贝辛斯托克：Palgrave/Macmillan 出

版社，2010。

◆《全球职场环境下有效的基督教领导》 科罗拉多斯普林斯：Authentic/Paternoster 出版社，2010。

◆《把握未来》 伦敦：Praesta 出版社，2010（与罗宾·辛德尔·费雪合作）。

◆《活生生的领导：找到管理的平衡点》 伦敦：Praesta 出版社，2011。

◆《反思型领导者：站稳脚跟才能大步向前》 诺里奇：坎特伯雷出版社，2011（与艾伦·史密斯合著）。

◆《在工作中绽放》 伦敦：马歇尔·卡文迪什教育出版社，2011。

◆《敏捷时代》 伦敦：Praesta 出版社，2012（与斯蒂夫·维哥赛尔合著）。

## 即将出版的著作

- 《如何在艰难的时刻做领导》 剑桥：Grove 出版社，2013（与格林汉姆·肖合著）。
- 《领导新秀》 诺里奇：坎特伯雷出版社，2013（与科林·肖合著）。
- 《100 个伟大的有影响力的想法》 伦敦：Marshall Cavendish 出版社，2013。
- 《为你的理性欢呼》 伦敦：SPCK，2013。
- 《有效的领导团队：一个基督教的视角》 伦敦：Darton，Longman and Todd 出版社，2014（与朱迪·郝斯特合著）。
- 《可持续领导力》 诺里奇：坎特伯雷出版社，2014。

# 作者简介

ABOUT THE AUTHOR

彼得·肖曾经与个人、小组和团队一起合作，帮助他们一起自信地处理棘手问题。他的目的是帮助个人清楚自己未来的愿景、他们的价值驱动，他们想要带给工作的附加值以及动力来源。他的著作探讨了如何让领导成功地胜任苛责的领导角色，并实现成功的领导。凭借这本著作，彼得·肖近期顺利地获得彻斯特大学的博士学位。

彼得的客户非常喜欢与他展开真诚而富有挑战的对话。这些对话常常引发新的想法和观点。正是这些充满生机的谈话激发了他富有创意的反思和新的行动安排。他经常与一些首席执行官和董事会成员一起工作，他们大都刚刚上任，正带领公司进行重大变革。彼得与来自许多部门和国家的首席执行官和高层领导一起工作。他曾经在五大洲举办过研讨会，主题包括“乘风破浪”“抓住未来”“如何在职场中立于不败之地”“建立韧性”。

彼得曾经出任许多董事长职务，包括财务、人事、政府政策、沟通与演讲。他曾经在英国的五个政府部门（财务、教育、就业、环境和交通）工作。他曾参与实施国家重大变革，包括教师待遇差异化、幼儿教育扩大以及将失业率降至100万人以下的就业行动方案。

他主持了英国政府教育部和劳动就业部的合并工作。作为财务主管，他负责管理400亿英镑的预算支出，在部门职责划分和资金管理方面进行了重大变革。他曾经出任三个部门的主管，在主要政策领域主导了战略发展和实施。

彼得曾经编写了一系列有影响的领导力的图书。他是英国切斯特大学的客座教授，也是纽卡斯尔大学领导力发展方向的客座教授。他曾经与布莱顿大学高层管理者一起工作，也曾和华威商学院和加拿大维真学院的研究生一起工作。彼得在2000年因其在公共服务方面的卓越贡献，被英国女王授予大英帝国司令勋章（CB）。

彼得是英国圣公会的信徒，曾经与英国和北美教堂的高层领导共事。他的灵感来自远足：他在英国完成了11次远足，包括在圣卡斯伯特路、南唐恩斯路、约克郡沃尔茨、约克郡戴尔斯路以及大峡谷路。